HEYNE
BÜCHER

HEYNE
SACHBUCH

Charles Fiore/Alan Landsburg

Begegnungen im Jenseits

Was kommt nach dem Tod?

Persönliche Erfahrungen und wissenschaftliche Erkenntnisse

Deutsche Erstveröffentlichung

WILHELM HEYNE VERLAG
MÜNCHEN

HEYNE-BUCH Nr. 7140
im Wilhelm Heyne Verlag, München

Titel der amerikanischen Originalausgabe
DEATH ENCOUNTERS
Deutsche Übersetzung von Dr. Burkhard Busse

Printed in Germany 1981
Umschlaggestaltung: Atelier Heinrichs & Schütz, München
Gesamtherstellung: Presse-Druck, Augsburg

ISBN 3-453-01313-1

Inhaltsverzeichnis

Einleitung

Vier Arten zu überleben

Am Morgen des 12. April 1975 bereitete Martha Egan in ihrem kleinen Haus in der Nähe von Boise in Idaho (USA) für ihren Mann und ihre Tochter das Frühstück. Während sie eine Karaffe mit Orangensaft herrichtete und den Schinken auf den Tisch stellte, überlegte sie sich, was sie im Laufe des Tages noch alles tun wollte. Als erstes würde sie ihre Mutter in Vermont anrufen, die noch immer nicht von einer Grippe erholt war, die sie im Winter bekommen hatte.

Martha fühlte sich an diesem Morgen nicht besonders gut. Sie war schon mit einer gewissen Beklemmung in der Brust aufgewacht und überlegte sich nun, ob es eine Muskelverkrampfung oder eine Sache der Nerven war; jetzt stellte sie fest, daß ihr Atem flach ging und ihr Mühe machte. Der beklemmende Druck wurde immer schlimmer, und als ihre Familie sich an den Tisch setzte, erlitt Martha Egan ihren ersten Herzanfall.

Während der Krankenwagen die Auffahrt zum städtischen Krankenhaus hinaufjagte, hörte Mrs. Egan plötzlich auf zu atmen. Der begleitende Arzt konnte keinen Pulsschlag mehr feststellen. Klinisch war Martha Egan zu diesem Zeitpunkt tot. Ein Team von Ärzten und Krankenschwestern massierte ihre Brust und pumpte Sauerstoff in ihre Lungen. Und obwohl sie zweifelsfrei ohne Bewußtsein war, tatsächlich also ›tot‹, war Martha Egan in der Lage, ihre eigene Situation von einem Punkt außerhalb ihres Körpers zu erkennen. Trotzdem ist ihre Geschichte völlig verschieden von der anderer Menschen, die ihren klinischen Tod überlebt haben.

Sie war nicht darüber in Sorge, daß die Kräfte, die sie außerhalb ihrer eigenen Person zu stellen vermochten, ihre Wirkung verlieren könnten. Sie machte sich vielmehr darüber Gedanken, wie sie ihrer kranken Mutter die Nachricht von ihrem Tod schonend beibringen wollte.

Martha erinnerte sich später daran:

»Wenn ich damals wirklich gestorben wäre, hätte ich diesen Umstand meiner Mutter berichten müssen. Ich hätte ihr erklären können, daß es nicht schlimm ist zu sterben, weil der Zustand des Tot-seins nicht schlimm ist. Denn in der Tat war dieses Gefühl sogar sehr schön.«

Kaum hatte Martha daran gedacht, ihre Mutter von dem Vorfall zu unterrichten, als sie sich schon ein Bild davon machte, wie ihre Mutter in einem Stuhl in ihrem Haus in Vermont saß.

»Mutter saß in dem Stuhl, den sie so liebte, und sie las in einem Buch. Ich befand mich noch immer im Krankenhaus, aber zur gleichen Zeit hielt ich mich auch in dem Haus in Vermont auf. Das war sehr überraschend, wenn man gleichzeitig an zwei verschiedenen Orten sein kann, die zudem noch so weit voneinander entfernt sind. Aber der Raum war eine Dimension, die in diesem Zustand keine Bedeutung besaß. Ich sagte also zu meiner Mutter: ›Ich habe einen Herzanfall gehabt, ich muß wahrscheinlich sterben, aber du darfst dir darüber keine schlimmen Gedanken machen, denn ich habe nichts dagegen zu sterben, wenn ich wirklich sterben muß.‹ Aber meine Mutter blickte nicht von dem Buch auf.«

Martha fuhr dann in ihrem Bericht fort:

»Ich näherte mich dem Stuhl meiner Mutter immer mehr und war nur noch wenige Zentimeter von ihrem Körper entfernt, aber sie schien mich noch immer nicht wahrzunehmen, sondern war in ihr Buch vertieft. Ich blickte auf den Umschlag des Buches, um den Titel zu lesen; aber ich kann mich an ihn nicht mehr erinnern. Ich wußte nur, daß ich irgend etwas tun mußte, um ihre Aufmerksamkeit an mich zu ziehen.«

Nach einer Pause sagte sie:

»Natürlich hatte ich große Angst, sie zu berühren, denn es hätte sein können, daß meine Mutter sich dann zu Tode erschrocken hätte. Also flüsterte ich ihr zu: ›Mutter, ich bin es, deine Tochter Martha. Ich muß unbedingt mit dir sprechen.‹ Als sie nicht reagierte, überlegte ich mir, wie ich auf anderem Weg ihre Aufmerksamkeit gewinnen könnte, aber mit einem Schlag war mein Ich wieder im Operationssaal des Krankenhauses. Ich war in meinem Körper zurück.«

Martha Egan begann wieder normal zu atmen, ihr Herzschlag kehrte wieder zurück. Trotzdem blieb sie noch bis kurz vor Mitternacht des gleichen Tages ohne Bewußtsein. Als sie aufwachte, saßen ihr Mann und ihre Tochter sowie ihr Bruder, der von Connecticut nach Idaho geflogen war, neben ihr am Bett. Erst Tage später erfuhr Martha etwas Sonderbares, was mit dem Besuch des Bruders zusammenhing.

Ihr Bruder hatte in seiner Anwaltspraxis in New York tatsächlich einen Anruf erhalten, der von ihrer Mutter kam. Sie hatte ein seltsames Gefühl gehabt, das sie nicht in der Lage war zu deuten, und sie erklärte ihm, daß es mit Martha zusammenhinge, von der sie annahm, daß irgend etwas passiert sei. Sie bat dann ihren Sohn, Nachforschungen anzustellen. Nach mehreren Telefongesprächen erfuhr er dann die Wahrheit und nahm sofort das erste Flugzeug nach Idaho. Sollte Martha tatsächlich aus ihrem Körper gegangen sein und über eine so große Entfernung Kontakt mit ihrer Mutter bekommen haben?

Martha fühlte, daß sie das getan hatte. Ihre Mutter, die vor wenigen Jahren gestorben ist, konnte nur sagen, daß ihr irgend etwas merkwürdig und seltsam vorgekommen war und daß sie ein Gefühl von einem Unheil gehabt habe. Aber sie konnte sich nicht erklären, wie sie auf diese Idee, daß Martha etwas passiert sei, gekommen war.

Marthas Geschichte ist ungewöhnlich, aber sie ist nicht einzigartig. Es gibt viele Menschen, die nach einem klinischen Tod wieder ins Leben zurückfinden und davon berichten, wie sie in einer gewissen Zeitspanne ihres Dahindämmerns einen geliebten Menschen aufgesucht haben. Auch sie machten dann diese Erfahrung des Außerhalb-des-Körpers-Seins.

Viele von ihnen sind bei dieser Kontaktsuche allerdings nicht sehr erfolgreich gewesen. Aber es gibt Menschen, die dabei von anderen Menschen ›gefühlt‹, ›gehört‹ oder, was weniger häufig vorkommt, ›gesehen‹ worden sind. Diese Ereignisse leiten eine völlig neue Forschung in dem Gebiet des ›Weiterlebens nach dem körperlichen Tod‹ oder der ›Existenz eines Lebens nach dem Tod‹ ein.

Man muß sich fragen, was eigentlich ›gefühlt‹, ›gehört‹ oder ›gesehen‹ wurde. War es ein Astral-Körper, der ein nebuloses Double des wirklichen Körpers ist? Wenn dem so ist, kann er dann auch mit den normalen menschlichen Sinnen entdeckt werden?

Bei der Erforschung verschiedener Phänomene eines Aufeinandertreffens von Lebenden mit physisch Toten waren die Forscher gezwungen, neue Wege zu beschreiten, um dem Rätsel auf die Spur zu kommen, wie ein solches Zusammentreffen von Leben und Tod erklärt werden kann.

Martha Egans Fall zeigt dabei nur eine Möglichkeit des Überlebens auf, und er legte eine bestimmte Richtung von Forschungen fest. Eine ganz andere Richtung folgte auf den Fall des Ingenieurs Marc Levin aus Grand Rapids in Michigan.

Marc verbrachte die meiste Zeit, als er Außerhalb-des-Körpers war, damit, seine Frau Peggy zu suchen und ihre Aufmerksamkeit zu erregen. Peggy saß die ganze Zeit, als eine Notoperation an seinem Herzen vorgenommen wurde, zwei Stockwerke unterhalb des Operationssaales und wartete verzweifelt auf den Ausgang des Eingriffs.

Marc erinnerte sich später:

»Es war das frustrierendste Erlebnis meines ganzen ›Lebens‹. Kaum hatte ich Peggy in dem Wartezimmer gefunden, wollte ich ihr mitteilen, daß sie sich keine Sorgen zu machen brauche, denn es ginge mir gut. Aber sie saß nur die ganze Zeit auf ihrem Stuhl, blickte starr vor sich hin und rang verzweifelt die Hände.«

Marc versuchte, mit Peggy Kontakt aufzunehmen. Er bemühte sich, mit ihr zu sprechen, erkannte aber bald, daß nur er selber seine Stimme hörte. Wenig später wechselte er dann seine Taktik:

»Ich ging näher an sie heran und berührte sie vorsichtig. Ich wollte sie keinesfalls erschrecken, aber sie spürte noch nicht einmal meine Hand, die ich auf ihren Arm gelegt hatte. Also faßte ich kräftiger zu und drückte meine Hand fest gegen ihren Arm. Als auch dies keinen Erfolg hatte, nahm ich ihre Hand in meine, wollte sie hochheben, aber ich konnte es nicht. Peggy bekam von all meinen Bemühungen nichts mit. Dann sah ich eine Vase auf dem Tisch stehen, an dem Peggy saß, und ich dachte mir, daß ihre Aufmerksamkeit von dem Geräusch der zersplitternden Vase auf mich gelenkt werden könnte. So sehr ich mich aber bemühte, die Vase vom Tisch zu stoßen, es gelang mir nicht – ich gab schließlich auf.«

Es gibt einige verblüffende Ähnlichkeiten in den Berichten von Martha Egan und Marc Levin und eine wichtige Unterscheidung: In dem sublimierten Zustand vermochte Martha insofern mit ihrer Mutter Kontakt aufzunehmen, als ihre Mutter irgendwie beunruhigt worden war, also irgend etwas ›spürte‹. Marc Levin hingegen konnte in keiner Weise Kontakt zu seiner Frau aufnehmen.

Marc konnte jedoch genau sagen, in welchem Raum sich seine Frau aufgehalten hatte, als die Operation stattfand, und er war später sogar in der Lage, ihre Kleidung genau zu beschreiben, die sie an diesem Tag getragen hatte.

Zum Zweck der wissenschaftlichen Analyse sollten diese beiden Fälle in zwei verschiedene Kategorien fallen. Aber unglücklicherweise ist es eine allgemein übliche Praxis unter den Erforschern von Phänomenen nach dem Tod, derartige Fälle von Überleben in eine Kategorie zu stellen. Dies gilt auch für die Fälle, daß ein Überlebender einer Operation überhaupt nicht versucht hat, Kontakt mit einem Lebenden aufzunehmen. Oder es gibt Menschen, die zwar ihren Körper verlassen haben, aber nicht außerhalb des Bereiches des Operationssaales hinaus wollen. Immerhin gibt es aber zumindest Anzeichen darüber, daß sie ihren Körper verlassen haben, denn sie können Aussagen machen, wie die Operation stattgefunden und wer bei ihr mitgearbeitet hat.

Dann gibt es wiederum Menschen, die unwirkliche, surreale Dinge erleben, während sie nach Meinung der Ärzte bereits klinisch tot sind. Sie sehen dann gleißendes Licht, hören Sphärenmusik, tauchen durch schwarze Löcher hindurch oder treffen andere Menschen, die lange Zeit vor ihnen gestorben sind.

Beim Erwachen erzählen sie oftmals die erstaunlichsten Dinge, die sie gesehen, gehört oder erlebt haben. Aber diese Geschichten können leider in den seltensten Fällen Grundlage einer wissenschaftlichen Analyse werden, weil sie kaum nachprüfbar sind.

Es gibt also innerhalb der Gruppe von Menschen, die nach ihrem klinischen Tod weiterleben, die Bandbreite vom einfachen Erleben fantastischer Dinge bis hin zu dem Aus-dem-Körper-treten und dem Versuch der Kontaktaufnahme mit einer Person, die einem sehr nahesteht.

Um diese verschiedenen Phänomene besser zu erfassen, teilt man die Fälle eines Lebens nach dem Tod in vier Kategorien ein: Begegnungen der ersten Art, der zweiten, dritten und der vierten Art. Diese Numerierung wird sehr häufig gebraucht, um Phänomene zu beschreiben, sei es im chemischen, physikalischen oder mathematischen Sinne – und vor allem in der Terminologie der Erfassung von UFOs. Die Abstufungen betreffen dann jeweils die Gewichtigkeit der unterschiedlichen Phänomene.

Man muß dabei beachten, daß die unerwarteten Begegnungen unterschiedliche Stufen von Beweiskraft und Gravität besitzen. Dies ist eine Tatsache, die bei den einzelnen Fällen unbedingt beachtet werden muß. Wir wollen deshalb in diesem Buch die unerwarteten Begegnungen mit folgenden Definitionen beschreiben:

Unerwartete Begegnungen der ersten Art

Diese Klassifikation umfaßt alle Phänomene, bei denen Menschen klinisch tot, bewußtlos oder in einer extremen Lebenssituation sich befinden und gleichzeitig eine Erfahrung machen, die außerhalb ihres Körpers liegt. Sie sind jedoch nicht in der Lage, einen realen Beweis dafür zu erbringen, daß sie die von ihnen geschilderte Erfahrung tatsächlich auch gemacht haben. Diese Erfahrungen mit Begegnungen nach dem Tod basieren also nur auf den Erzählungen der ehemals klinisch Toten.

Unerwartete Begegnungen der zweiten Art

Diese Kategorie umfaßt die Menschen, die nach ihrem Erleben auch faktische Beweise für ihre Geschichten heranbringen können. Diese Fakten können Beschreibungen der Personen sein, die im Operationssaal hantiert haben oder Teile von Gesprächen der Personen, die sich um die Wiederbelebung bemüht haben. Was noch dazu zählt, sind Begegnungen, die außerhalb des Krankenhauses mit anderen Personen stattgefunden haben, wie z. B. der Fall von Marc Levin eine Begegnung der zweiten Art ist. Diese Begegnungen haben einen konkreten Hintergrund und können für wissenschaftliche Analysen herangezogen werden.

Unerwartete Begegnungen der dritten Art

Unter diese Kategorie fallen Begegnungen von klinisch toten oder bewußtlosen Personen, die Kontakt mit einer anderen Person aufgenommen haben und gleichzeitig mit ihnen in irgendeine Art von Kontakt getreten sind. Dies ist dann der erste Schritt, mit dem sich der ›Tote‹ und der Lebende in Verbindung setzen. Der ›Tote‹ ist dann derjenige, der eine ›Botschaft‹ aussendet, die von dem Empfänger in irgendeiner Weise begriffen werden muß.

Es ist dabei nicht nötig, daß diese Botschaft direkt verstanden wird, d. h. mit den unter Lebenden gebräuchlichen Worten, sondern es genügt, wenn bei dem Empfänger ein Gefühl dafür vorhanden ist, daß jemand zu ihm gesprochen hat und er diese Nachricht auch in einer bestimmten Weise entschlüsseln kann.

Der Empfänger weiß dann, daß mit der Person, die ihn angesprochen hat, irgend etwas nicht stimmt, ein Unfall, ein schweres Unglück oder ein besonderer Umstand sein Eingreifen notwendig macht. Manchmal allerdings weiß er nicht genau, wer diejenige Person ist, der etwas zugestoßen ist, aber er kann den Umkreis von Personen erahnen, wo das Unglück möglich wäre.

Mag die Nachricht auch nur verschwommen verstanden worden sein, so bleibt doch in der Person, die von dem ›Toten‹ angesprochen wurde, ein Bewußtsein zurück, daß er überhaupt von jemandem ›angeredet‹ wurde.

Es gibt auch Fälle, in denen die Botschaft relativ klar verstanden wird, aber ein Gefühl für die Anwesenheit des ›Toten‹ nicht vorhanden ist. Der Fall von Martha Egan paßt in die Gruppe der Begegnungen der dritten Art, denn ihre Mutter hat die Nachricht zwar verstanden, aber nicht erkannt, daß ihre Tochter in ihrer Nähe war.

Unerwartete Begegnungen der vierten Art

Diese Fälle behandeln das Verhältnis von direktem para-sensitiven Kontakt von einer lebenden Person und einem Menschen, der schon lange tot ist oder als klinisch tot erklärt worden ist oder auch sich auf einer Intensivstation eines Krankenhauses befindet.

Die Person, die ›außerhalb‹ ihres Körpers ist, ›fühlt‹, ›hört‹ oder ›sieht‹ und entdeckt etwas auf para-sensorischem Weg. Der Empfänger der Nachricht ist sich dabei bewußt, daß er auf einem nicht-normalen Weg eine Botschaft empfängt – sei es von einem ›Geist‹ oder einem anderen Sein. Die hierbei beschriebenen Phänomene sind allgemein bekannt unter der Bezeichnung

›man empfängt ein Signal oder eine Nachricht von einem Toten‹.

Dieses Buch will und kann nicht einen vollständigen Überblick über alle diese vier beschriebenen Arten von Begegnungen mit ›Toten‹ geben. Es versucht aber diese vier Arten an Hand von Fakten und Untersuchungen dem Leser klarzumachen.

Das Buch ist in drei Teile gegliedert: Teil I beschreibt Fälle aller vier Arten von Begegnungen mit dem Tod und sucht nach wissenschaftlichen Thesen, die die beschriebenen Fälle stützen können. Teil II enthält eine Fragestellung, die in zunehmendem Maße nicht nur von Philosophen oder Theologen untersucht wird, sondern deren Beantwortung auch in immer breiteren Bevölkerungskreisen Wißbegierde erregt: Wann ist ein Mensch wirklich tot?

Es gibt Fälle, in denen die Ärzte, weil sie dringend lebenswichtige Organe für Verpflanzungen brauchten, einen Menschen schon ›getötet‹ haben, weil sie annahmen, er sei bereits tot. Und diese Organe sollten dann zur Rettung eines anderen Menschenleben gebraucht werden.

Vielleicht waren manche dieser Personen nur klinisch tot und bekamen mit vollem Bewußtsein mit, was mit ihnen geschah. Eine andere Frage stellt sich auch in diesem Zusammenhang: Warum haben fast alle Menschen Angst vor dem Tod? Sind Bewußtlosigkeit oder Traum wirklich Vorstufen des Todes? Was kann man von den Kulturkreisen lernen, die keine Angst vor dem

Tod haben und an ein schönes Weiterleben nach dem irdischen Tod glauben?

Nach Untersuchung all dieser Fragen wenden wir uns im Teil III den neuesten Experimenten von Wissenschaftlern zu, die im Laboratorium versuchen, den Tod zu simulieren, um beweiskräftig herauszufinden, was ein Lebewesen ›verläßt‹, wenn es wirklich tot ist.

Zu guter Letzt untersuchen wir noch die Frage von einem ›Leben vor dem Leben‹, wobei auch noch nach der Reinkarnation gefragt wird, d. h. ob sich ein wie auch immer beschaffener Geist in einen anderen Körper hineinversetzen kann. Untersucht werden dabei gewisse Traumata, Unglücke oder Mißgeschicke von ›vergangenen Leben‹, die bei vielen Menschen heutzutage dann Neurosen oder physische und psychische Gebrechen verursachen.

Über den Tod wurde schon immer diskutiert, das Thema Sex war dagegen lange Zeit tabu. Heutzutage scheinen sich in dieser Beziehung die Rollen vertauscht zu haben: Sex ist ein allgemeines Thema öffentlicher Diskussion, wohingegen über den Tod kaum nachgedacht und noch weniger gesprochen wird.

Mit der Frage allerdings: ›Gibt es ein Leben nach dem Tod?‹ begann sich auch wieder das Interesse an dem Thema des Todes allgemein zu regen. Zudem häufen sich in letzter Zeit die Berichte von Menschen, die bei schweren Verkehrsunfällen für lange Zeit klinisch tot waren und hinterher genaue Beschreibungen von dem geben konnten, was sie bei Bewußtsein nicht mehr erlebt haben konnten.

Zumal haben Umfragen in Amerika ergeben, daß 27 Prozent der Bevölkerung – und das sind immerhin 50 Millionen Menschen – daran glauben, schon einmal in ihrem Leben Kontakt mit einer Person gehabt zu haben, die schon längere Zeit tot ist. Von diesen Menschen haben noch sechs Millionen häufiger Kontakt mit einem Nicht-Lebenden.

Andrew M. Greely von der University of Chicago hat dabei herausgefunden, daß Frauen weit mehr als Männer Kontakte mit Toten hatten. Von diesen Frauen wiederum haben diejenigen, die ihren Ehemann durch bestimmte Umstände verloren haben, die größte Erfahrung mit den unerwarteten Begegnungen. Ein einfaches Argument könnte man gegen diese Zahlen stellen: Frauen, die den Verlust des geliebten Mannes beklagen müssen, wünschen sich den Toten in ihrer Einbildung wieder herbei, weil sie sich nicht vorstellen können, daß er tatsächlich gestorben ist.

Auf diese Weise kann natürlich die Realität des Todes verdrängt werden. Dagegen hält Greely seine These:

»Es läßt sich bei Menschen, die einander sehr nahegestanden haben, viel eher noch ein Kontakt herstellen, wenn der andere Mensch gestorben ist. Unter normalen Umständen wird ein Toter bald vergessen und bleibt nur noch als schwaches Bild in der Erinnerung seiner Umwelt zurück. Aber Menschen, die sich liebten, bleiben sogar nach dem Tode noch in Verbindung – wie immer man sich diese Verbindung auch vorstellen mag.«

Und Greely schließt mit den Worten: »Es ist erstaunlich zu hören, daß ein Viertel der amerikanischen Bevölkerung ›mehrere Male‹ Kontakt mit einem Menschen hatte, der bereits lange Zeit tot ist.«

Die älteste Geschichte, die wir von einem Menschen kennen, der von den Toten wieder auferstanden ist, läßt sich in der Bibel nachlesen: Es ist dies die Geschichte von Lazarus, der von den Toten wieder auferstanden ist, nachdem ihn alle Menschen für tot erklärt hatten. Aber bedauerlicherweise steht in der Bibel kein Wort darüber, welche Erfahrungen Lazarus gemacht hat, während er tot war.

Dazu schreibt L. N. Andrieve: »Fest steht nur, daß Lazarus drei Tage lang tot war. Die Sonne ging dreimal auf und wieder unter, aber er blieb weiterhin tot. Die Kinder spielten weiterhin ihre Spiele, die Flüsse rauschten an den Ufern, und mit einem Mal war Lazarus wieder unter den Menschen. Er sprach mit ihnen, berührte sie, und sie konnten ihn sehen, aber sie glaubten nicht an das Wunder, an dem sie selber teilgenommen hatten.«

Die Lippen von Lazarus blieben verschlossen über das Erlebnis, er konnte nichts darüber sagen, welche Erfahrungen er innerhalb dieser drei Tage gemacht hatte. Heutzutage allerdings berichten unzählige Amerikaner darüber, was sie erfahren haben, als sie in dem Zustand waren, den man als ›tot‹ bezeichnet.

Theologen lauschen immer interessierter diesen Geschichten, denn sie bemerken eine gewisse Ähnlichkeit mit denen in den überlieferten Schriften.

Vor allem aber sind diejenigen Wissenschaftler besonders an diesen Berichten interessiert, die heutzutage bereits auf experimentellem Wege erkunden wollen, wie der Geist den sterbenden Körper verläßt und wo er dann hingeht.

Wir wollen in diesem Buch versuchen, die geschilderten Geschichten auf ihren Wahrheitsgehalt sorgfältig zu untersuchen, denn nur auf diese Weise erfahren wir, ob es eine Kommunikation zwischen Lebenden und Toten gibt.

I

Unerwartete Begegnungen der ersten Art

Über die unerwarteten Begegnungen der ersten Art wird am häufigsten gelesen, denn es sind die von den Menschen am meisten erzählten. Tausende sind schon aus einem klinischen Tod wieder erwacht oder haben von einem fast tödlichen Unfall wieder zurück ins normale Alltagsleben gefunden.

Von diesen Personen wiederum, so wird grob geschätzt, sind über 15 Prozent in der Lage, über ihren Zustand während der Agonie etwas auszusagen. In diesen Berichten erfahren wir dann, daß diese Menschen davon überzeugt sind, daß der Geist den ›toten‹ Körper überlebt, wenn sich ein solches Ereignis einstellt.

Was aber für die Wissenschaft von einem ›Leben nach dem Tod‹ wichtig erscheint, sind die Gemeinsamkeiten, die diese Berichte beinhalten.

Bevor wir also zu den Berichten kommen, die eine höhere Stufe der unerwarteten Begegnungen beinhalten, ist es nötig, die Geschichten zu analysieren, die von Menschen erzählt wurden, die eine Begegnung der ersten Art hatten.

Nicht jedermann, der eine ›Berührung‹ mit dem Tod hat, kann über gleiche Erfahrungen Auskunft geben. Aber Iris Zelman, eine sechsunddreißigjährige Lehrerin in Flint, Michigan, hatte eine typische unerwartete Begegnung der ersten Art:

»Ich lag auf der Intensivstation eines Krankenhauses, in dem ich eine Operation wegen eines Herzklappenfehlers hinter mir hatte. Plötzlich spürte ich einen stechenden Schmerz in meiner Brust. Ich schrie laut auf, und zwei Krankenschwestern brachten mich sofort in den Operationssaal zurück. Dann fühlte ich, wie die Ärzte mir Elektroden auf meine Haut setzten und eine Injektion in den Arm gaben. Schließlich hörte ich noch, wie einer der behandelnden Ärzte zu einem Kollegen sagte: ›Es hat keinen Sinn. Wir müssen sie aufgeben.‹«

Iris Zelman berichtet weiter:

»Ich erkannte mit einem Mal, wie ein heller weißer Nebel mich umgab, der ähnlich wie eine schwebende Wolke aussah und der langsam zum Himmel emporstieg. Zuerst war ich von dieser Erscheinung wie fasziniert, aber dann erkannte ich plötzlich meinen Körper weit unter mir.

Ich hatte die Augen geschlossen und fragte mich auf einmal: ›Wie kann es möglich sein, daß ich tot bin?‹ Ich sah die Ärzte, die meine Brust wieder öffneten und eine erneute Herzoperation vornahmen.

Das Blut schien mir in den Adern zu gerinnen, und ich wollte der Operation nicht mehr zusehen und blickte in eine andere Richtung. Plötzlich erkannte ich einen Eingang von etwas, was wie ein langer, schwarzer Tunnel aussah. Ich habe mich immer vor dunklen und geheimnisvollen Orten gefürchtet, aber jetzt ging ich wie selbstverständlich in diesen Tunnel hinein. Nach einer Weile sah ich in weiter Ferne ein helles Licht, und ich hörte wundersame Klänge, die von irgendwo herzukommen schienen.«

Iris Zelman fährt in ihrem Bericht fort:

»Ich hatte mit einem Mal den unwiderstehlichen Wunsch, mit diesem Licht eins zu werden. Dann dachte ich plötzlich an meinen Mann, und er tat mir leid, obwohl ich noch nicht einmal sagen konnte, warum dies so war. Ich wußte nur, daß er ohne mich nicht mehr weiterleben konnte. In diesem Augenblick wurde mir bewußt, daß ein Weitergehen auf das Licht zu meinen Tod bedeuten würde, und ich entschloß mich sofort, wieder in meinen Körper zurückzukehren.

Geisterhafte Gestalten umschwebten mich, Figuren, die ich nicht identifizieren konnte, tauchten vor mir auf und verschwanden wieder. Ich unterbrach meinen Weg augenblicklich und hatte den Wunsch, zu meinem Mann zurückzukehren, weil ich wußte, daß er mich brauchte. Und in diesem Moment, als mein Entschluß feststand, hörte ich eine Stimme, wie ich sie noch niemals vernommen hatte. Ihr Klang war bestimmend und weich zugleich, und ich hörte die Worte: ›Du hast eine gute Wahl getroffen, und du wirst sie nicht bereuen. Aber eines Tages wirst du wieder hierher zurückkehren‹. Ich öffnete dann die Augen und sah in das Gesicht eines Arztes.«

Kein einziger Punkt von dem Bericht der Iris Zelman kann wissenschaftlich nachgewiesen werden. Es bleibt eine Erfahrung, die auf den rein subjektiven Elementen eines persönlichen Erlebnisses mit einer Begegnung der ersten Art beruht.

Die Chikagoer Psychiaterin Dr. Elisabeth Kübler-Ross, die über zwei Jahrzehnte lang sterbende Patienten beobachtet hat, glaubt, daß Erfahrungen dieser Art keine Ausgeburten von Halluzinationen sind. »Bevor ich mit meiner Arbeit anfing, die Sterbenden zu beobachten, habe ich nicht an ein Weiterleben nach dem Tod geglaubt. Nach meinen zahlreichen Erfahrungen mit dem Tod anderer Menschen glaube ich jetzt an ein Weiterleben.«

Es mag an einer Tatsache gelegen haben, die zahlreiche Wissenschaftler, wie auch Dr. Kübler-Ross, zu ihrem Glauben an ein Leben nach dem Tod geführt haben: Es tauchen immer wieder gemeinsame Elemente in den Erzählungen der Menschen auf, die von einem Weiterleben ihrer Seele berichten, obwohl sie von den Ärzten als klinisch tot angesehen wurden. Und die Menschen mit solchen Erfahrungen stammen aus den unterschiedlichsten gesellschaftlichen, kulturellen und religiösen Schichten. Einige der Gemeinsamkeiten haben Dr. Kübler-Ross und Dr. Raymond Moody zusammengestellt:

1. Friede und Zufriedenheit

Viele Menschen berichten von einem ungewohnten Gefühl der wunderbarsten Empfindungen während des ersten Stadiums ihrer Erfahrung. Nach einer schweren Kopfverletzung waren jegliche Lebensregungen bei einem Mann nicht mehr erkennbar. Er erzählte später:

»In dem Moment, als ich die schwere Verletzung erlitten hatte, spürte ich einen wahnsinnigen Schmerz, wie er kaum denkbar ist. Aber fast im gleichen Augenblick verschwand dieser Schmerz auch schon und wich einem unsagbar schwebendem Gefühl, das meinen Körper gleichsam in eine tiefe Dunkelheit einzuhüllen begann.«

Eine Frau, die nach einem schweren Herzanfall wieder zum Leben gefunden hatte, berichtete:

»Ich machte auf einmal die Erfahrung von einem traumhaft schönen Gefühl, das ich bis dahin nicht einmal im Ansatz so schön erlebt und gekannt hatte. Ich konnte überhaupt nichts anderes mehr empfinden als den tiefen Frieden, der mich umgab. Dazu gesellte sich noch eine unendliche Ruhe und eine nie gefühlte Leichtigkeit. All das, was ich als Ärger und Kummer erlebt hatte, waren verschwunden.«

Die meisten Menschen, die eine Begegnung mit dem Tod hatten, waren kaum in der Lage, ihr Erlebnis zu beschreiben, oder sie hatten sehr große Schwierigkeiten, die richtigen Worte für ihre Erfahrung zu finden.

Iris Zelman sagt dazu: »Man muß wirklich so etwas Ungeheueres erlebt haben, um zu wissen, was es wirklich ist.« Und eine andere Frau drückte es so aus: »Das Licht war so blendend, daß ich keinen Vergleich finden kann. Es ist nicht jenseits unserer Vorstellungskraft, aber jenseits aller Worte, die wir haben.«

Der Psychologe Lawrence LeShan, der psychische und mystische Geheimnisse auf ihre Gemeinsamkeiten mit einem ›kosmischen Bewußtsein‹ untersucht hat, ist der Meinung, daß diese Unaussprechlichkeit in Worten nicht unbedingt von der überirdischen Schönheit des Erlebten kommt, sondern primär seinen Grund darin hat, daß diese gemachten Erfahrungen unser dreidimensionales Fassungsvermögen übersteigen, die zugleich eine Zeit-Raum Realität mit transzendenter Logik sind. Diese aber ist mit der Logik, die unserer Sprache innewohnt, nicht korrekt zu erfassen.

Raymond Moody schildert in *Life After Life* an einem Beispiel von einer Frau, die ›gestorben‹ war und wieder zum Leben zurückkehrte, was er meinte. Diese Frau erzählte folgendes:

»Es gibt für mich jetzt wirklich ein Problem, wenn ich meine Erfahrung schildern soll, denn alle Wörter, die ich weiß, beruhen auf einer drei-dimensionalen Erfahrung. Wenn ich zum Beispiel eine Sache aus der Geometrie beschreiben soll, muß ich mich an die drei Dimensionen des Raumes halten und ich bin auch gezwungen, dies in meinen drei-dimensionalen Worten zu tun.

Für Erfahrungen in einer weiteren Dimension als unseren gewohnten, sind diese Worte dann nicht mehr tauglich, weil sie diese außer acht lassen oder noch nicht erfahren haben. Wir leben nun einmal in einer drei-dimensionalen Welt und können die nächste Dimension mit unserem Wortschatz nicht erfassen. Ich habe versucht, meine Erlebnisse in einer Sprache zu beschreiben, die der drei-dimensionalen Welt entstammt, und ich weiß genau, daß ich damit nicht das beschreiben kann, was ich erlebt habe.«

3. *Geräusche*

Ein Mann, der für zwanzig Minuten während einer schweren Bauchoperation ›tot‹ war, schildert ein »schmerzvolles Brausen in meinem Ohr. Dann begann es mich zu hypnotisieren, und ich wurde ganz friedlich und ruhig.«

Eine Frau vernahm »ein lautes Läuten wie von einem schönen Glockenspiel«. Andere Menschen hörten »himmlische Töne«, »sphärische Musik«, »flüsternde Klänge wie bei einem sanften Wind« und manche auch »Rhythmen wie das Rauschen der Wellen am Ozean«. Im Grunde genommen hat also jeder Mensch, der eine

Begegnung mit dem Tod gehabt hat, eine solche Erfahrung mit Geräuschen gemacht.

Aber keiner von ihnen ist sich absolut sicher, was diese Geräusche bedeutet haben. Merkwürdigerweise – oder ist es einfach ein Zufall? – sind diese Art von Geräuschen schon in einem alten Buch, das 800 Jahre vor unserer Zeitrechnung geschrieben wurde, aufgezeichnet. Es handelt sich um das *Tibetische Totenbuch*, das in einem späteren Kapitel noch ausführlich besprochen wird.

Einige Worte sollen aber an dieser Stelle schon zu diesem Buch gesagt werden: Es beschreibt die unterschiedlichsten Stadien des Todes. Wenn man dem Text folgt, wird man die einzelnen Stufen entlanggeführt, wenn die Seele den Körper verläßt. Im ersten Stadium hört die Person dann Geräusche, die sie erschrecken könnten, oder auch friedliche Töne, die sie beruhigen.

Wissenschaftler sind verwundert darüber, mit welch großer Präzision in diesem Buch eine Reihe von Fakten aufgeführt werden, die sie erst bei Erzählungen von Amerikanern im zwanzigsten Jahrhundert wiederfinden konnten, die noch nie in ihrem Leben etwas von diesem Tibetanischen Buch gehört oder nur eine Zeile darin gelesen hatten.

4. Das Sehen von ›Geistern‹

Edward Megeheim, ein fünfzigjähriger Professor, der während einer Krebs-Operation auf dem Operationstisch ›starb‹, berichtet, er habe nach seinem ›Tod‹ seine verstorbene Mutter wieder gesehen und sie habe zu ihm gesprochen.

»Sie sprach mich sofort an und sagte mir eindringlich, ich solle fortgehen von dem Ort, an dem ich mich befände. Ich weiß, daß es ziemlich verrückt klingt, aber ihre Stimme hatte eine Realität, die mich auch heute noch verwundert, wenn ich daran denke.«

Peter Tompkins, der zweimal ›gestorben‹ war, das erste Mal bei einem Verkehrsunfall und später bei einer schweren Brustoperation, hat bei beiden ›Reisen in den Tod‹ verschiedene Verwandte getroffen.

Diese ›Geister‹ zu sehen, ist nicht das häufigste Ereignis von Leuten, die ›gestorben‹ sind, aber es kommt doch hin und wieder vor.

Dr. Karlis Osis, Direktor der American Society for Psychical Research in New York, wunderte sich dagegen über die große Häufigkeit von ›Geistern‹, die den Menschen im Tod mit auf die ›Reise‹ nehmen. Meistens sind es nahe Verwandte oder sehr enge Freunde, die früher gestorben sind und die den ›Toten‹ dann in seine neue Welt begleiten wollen. Billy Graham hatte sie ›Engel‹ genannt.

Manche Skeptiker haben darauf hingewiesen, daß diese Gestalten nicht mehr sind als Personifikationen der Einbildungskraft eines sterbenden Menschen, damit der Übergang vom Leben zum Tod erleichtert wird. In der Freudschen Terminologie würde man diese Gestalten als Erfüller individueller Wünsche bezeichnen.

Dieser Theorie allerdings widerspricht Dr. Osis energisch: »Wenn diese Personen, die einen Menschen vom Leben zum Tod führen, nichts weiter wären als Erfüller persönlicher Wünsche, würden diese Gestalten viel häufiger bei Menschen auftauchen, die im Begriff sind zu sterben. Bezeichnenderweise tauchen sie aber bei Menschen auf, die wieder aus der Todeszone ins Leben zurückkehren.«

5. Das Licht

Dieses Phänomen wird häufig beschrieben als ›brillant‹, ›leuchtend‹, ›blendend‹, das den Augen nicht wehtut – und es ist eine Erscheinung, die in fast allen Erzählungen von den unerwarteten Begegnungen eine wesentliche Rolle spielt. Das kann damit zusammenhängen, daß Licht das offensichtlichste religiöse Symbol ist.

Dazu bemerkte Raymond Moody:

»Die vielen Personen, die ich über diese Erscheinung interviewt habe, waren sich alle einig, daß es ein Phänomen ist, das tatsächlich existiert und nicht ein Wunschbild der Einbildung ist.«

So haben auch viele Menschen dieses Licht nicht so beschrieben, wie wir es kennen, sondern ihm ein persönliches Sein mit eigenem Charakter verliehen. »Die Liebe und die Wärme, die von diesem Sein ausstrahlte, sind mit Worten überhaupt nicht zu beschreiben«, sagte Moody. »Man fühlt sich vollständig darin eingehüllt und von ihm aufgesogen. Man ist eins mit ihm und es mit einem selbst.«

Für Carol Burlage, die während der Geburt ihres zweiten Kindes ›starb‹, hatte dieses Licht sogar eine Stimme. »Plötzlich sprach es mich an. Es sagte mir, daß ich umkehren müsse, denn mein Kind warte auf mich und brauche mich. Ich aber wollte nicht umkehren, aber tat es dann doch, denn das Licht überzeugte mich.«

Die Stimme, die Carol Burlage hörte, war weder männlich noch weiblich, sondern hatte einen neutralen Tonfall. Darin stimmen auch Iris Zelman und viele andere Menschen überein. »Seit meiner Erfahrung mit diesem Licht«, sagte Carol, »glaube ich an die Worte, die in der Bibel stehen: ›Ich bin das Licht.‹«

Dr. Pascal Kaplan, Dekan an der School of General Studies an der John F. Kennedy University in Orinda, Kalifornien, berichtete, daß das Licht ebenfalls von Personen bemerkt worden ist, von denen das *Tibetische Totenbuch* berichtete. »Es spielt eine wesentliche Rolle in den orientalischen Religionen«, sagt Dr. Kaplan.« Das Licht wird angesehen als Weisheit, als Erleuchtung und deshalb ist es auch das höchste Ziel der Mystik.«

6. *Schwarzes Loch oder Tunnel*

Dieses Phänomen scheint ein Durchgangsstadium von einer Ebene der Realität in eine andere zu sein. Viele

Menschen berichten, daß sie zuerst durch einen langen schwarzen Tunnel gehen mußten, bevor sie an das Licht kamen, das immer am Ende dieses Tunnels zu sehen war.

»Das schwarze Loch ist aber nicht erschreckend«, berichtet Iris Zelman. »Es ist eine Art von Dunkelheit, vor der man sich nicht zu fürchten braucht.«

Eine andere Frau beschreibt den Tunnel als »ein Zimmer mit einem Echo, an dem jedes Wort, das ich sagte, sich tausendfach wieder in meinem Kopf brach«.

In allen Fällen jedoch kann dieses schwarze Loch als ein Zustand der Wiedergeburt angesehen werden.

7. Außerhalb des Körpers

Ohne Ausnahme berichten alle Personen, die eine unerwartete Begegnung mit dem Tod hatten, daß sie sich zeitweise in einem Zustand befanden, als ob sich ein zweites Ich von ihrem Körper befreit habe.

Sie bezogen dabei eine Perspektive, die an irgendeinem anderen Punkt im Raum war, entweder nahe bei sich selbst oder weit entfernt, und sie haben diese räumliche Distanz blitzartig durchlaufen.

Wie wir später noch sehen werden, glauben viele Beobachter dieses Zustandes, daß es sich dabei um eine Art von Tod handelt oder eine Vorwegnahme des letzten Schrittes, den ein Mensch tun kann. Es gibt sichere Gründe anzunehmen, daß dieser Zustand des ›Außerhalb-des-Körpers-Sein‹ die Angst vor einem wirklich erlebten Tod nehmen kann und das Sterben erträglich macht.

8. Sinn für Verantwortung

Viele Menschen sagen, daß sie wieder zurückkommen, weil sie das Gefühl haben, daß ihre Arbeit auf der Erde nicht vollständig getan wurde. Die Pflicht bestärkt sie also in der Wahl, zurückzukehren.

Peggy Lee, die als Sängerin in einem New Yorker Klub gearbeitet hat, brach bei einem Auftritt auf der Bühne zusammen. Sie wurde sofort in eine Klinik gebracht, aber man konnte in dem Krankenhaus nur noch ihren klinischen Tod feststellen. Peggy Lee hatte einen Zustand, in dem sie außerhalb ihres Körpers war, und sie beschreibt ihn so:

»Der Schmerz, all die Leute zu verlassen, die ich gekannt habe, war nicht so schlimm. Aber der Gedanke, daß meine kleine Tochter in Zukunft ohne mich auskommen mußte, ließ meinen Entschluß, aus dieser fantastischen Welt zurückzukehren, unumstößlich werden.«

Das Gefühl der Verantwortung galt bei Martha Egan ihrer Mutter. Bei Iris Zelman war es der Ehemann. Wie wir noch sehen werden, ist es diese Verantwortung, die die Menschen immer wieder aus dem Bereich des Todes auf die Erde zurückbringt, denn sie alle wollen wieder zu einem Menschen, der ihnen besonders nahesteht.

Der Beginn des klinischen Todes ist schlagartig. Er wird hervorgerufen durch einen Herzanfall, durch einen starken Schock oder einen Schmerz im Nervenzentrum. Häufig allerdings ist er auch die Folge eines schweren Verkehrsunfalls. Was auch immer die Ursache war, die Folge ist ein plötzlicher Schritt vom Leben zum Tod.

Wenn man die Nachrichten von klinisch Toten sammelt und hinterher analysiert, so stellt man immer wieder fest, wie schnell der Schritt vom Leben zum Tod getan wird. Aber man weiß dann nicht genau, was die Menschen wirklich empfanden, die eine solche Erfahrung gemacht haben. Diese Erkenntnis könnte man dann höchstens von den Menschen erlangen, die Zeit genug gehabt haben, um sich auf den Tod vorzubereiten, die also wußten, was ihnen bevorstand und nicht überraschend in den Tod gestürzt worden waren.

Wenn die Klänge, das Licht oder die Vorstellung von der Existenz nach dem Tod die gleichen Ursachen haben, dann wäre es gleichgültig, ob man eine Person auswählt, die von einem plötzlichen Tod überrascht worden ist, oder einen Menschen befragt, der sich auf den Tod vorbereiten konnte, aber wieder zum Leben zurückgekehrt ist.

Dr. Karlis Osis und Erlender Haraldson sind dieser speziellen Frage nachgegangen. Sie haben in einem Zeitraum von über vier Jahren fünfzigtausend Patienten in den Vereinigten Staaten befragt, was sie fühlen und empfinden, wenn sie den Tod in zeitliche Nähe gerückt sehen.

Die beiden Psychologen wollten dabei wissen, was der Patient sieht oder hört, bevor er stirbt. Für die meisten Menschen, so stellten die beiden Wissenschaftler fest, sind dies subjektive Erfahrungen, die sich allerdings in vielen Punkten sehr ähnlich sind.

Mit Hilfe von Hunderten von Ärzten und Krankenschwestern, die direkt mit sterbenden Patienten zu tun hatten und im Moment des Sterbens bei diesen Menschen anwesend waren, gelang es Osis und Haraldson, eine Theorie aufzustellen, die sich auf Tausenden von Fakten stützen konnte.

Wir wissen, daß das Leiden häufig dem Tod vorausgeht. Krebs zum Beispiel breitet sich durch den gesamten Körper aus und fügt dem Menschen, der davon befallen ist, unerträgliche Qualen zu, die zum größten Teil nur mit Hilfe von Drogen eingedämmt werden können.

Herzanfälle lösen eine Schmerzwelle aus, die sich schlagartig über den ganzen Körper ausbreitet. Viele Menschen, die einem Verkehrsunfall zum Opfer fallen, müssen mörderische Qualen ausstehen, und der Schmerz steigert sich bis zur Ohnmacht hinein.

Osis und Haraldson haben herausgefunden, daß es wenige Augenblicke vor dem Tod eine Zeit der Entspannung und der Ruhe gibt. Dr. Osis drückt dies folgendermaßen aus: »Die Patienten befinden sich dann in einem Zustand der Leichtigkeit und der friedlichen Schwerelosigkeit.«

Ein zehnjähriger Junge, der an Krebs erkrankt war, richtete sich kurz vor seinem Tod im Bett auf, riß die

Augen weit auf und lächelte gelöst für einige Momente. Dann rief er verzückt aus: »Es ist eine wunderbare Welt.« Danach sank er tot in die Kissen zurück.

Aber es gibt zahlreiche weitere Fälle, in denen Patienten kurz vor ihrem Tod berichten, was sie unvermittelt sehen. Eine Krankenschwester in einem Krankenhaus in Neu-Delhi erzählt folgende Geschichte:

»Eine Patientin, die über vierzig Jahre alt war, litt schwer an Krebs. Sie hatte in den letzten Tagen kaum etwas zu mir gesagt, obwohl sie noch immer völlig klar bei Verstand war. Ich saß bei ihr, als sie plötzlich einen gelösten Gesichtsausdruck bekam und ich ihr ansehen konnte, wie friedlich sie in ihrem Inneren war. Wenige Minuten später konnten die Ärzte nur noch ihren Tod feststellen.«

Häufig äußern die Patienten kein einziges Wort darüber, was sie sehen, aber die Person, die an ihrem Bett sitzt, kann aus dem Gesichtsausdruck schließen, daß das Innere des Patienten einem ekstatischen Zustand gleicht, wie er häufig in alten religiösen Kulturen erreicht wird.

Damit einher gehen manchmal auch rein körperliche Veränderungen, wie sie von einer Krankenschwester aus den Vereinigten Staaten geschildert werden:

»Eine Frau von siebzig Jahren litt an einer schweren Lungenentzündung, sie war dadurch halbseitig gelähmt und führte eine schmerzhafte und quälende Existenz. Ihr Gesicht wurde eines Tages heiter und klar, als ob sie etwas Wunderbares sehen würde. Es war ein Lächeln auf ihrem Gesicht, wie man es kaum beschreiben kann, ihre Miene war jugendlich, wie man es sich auf einem alten Gesicht niemals vorstellen kann. Ihre Haut wurde auf einmal wieder weiß, wie sie früher einmal gewesen war, bevor das Alter sie gelblich färbte und in Falten legte.«

Die Krankenschwester berichtete weiterhin, daß sie den Eindruck gewonnen habe, die Patientin habe eine Erscheinung gehabt, die ihr gesamtes Wesen durchdrungen haben müsse. Und dieser Zustand dauerte über eine Stunde an, bis sich der Tod bei der alten Frau einstellte.

Manche Menschen, die schon häufig sterbenden Patienten zugesehen haben, berichten, daß sich um den Körper des Sterbenden eine Art Licht gelegt habe.

»Der Schein legt sich um die Haut und die Haare, als ob die Quelle des Lichts aus einer anderen Welt kommen würde«, berichtet eine Krankenschwester, die bei einer solchen Erscheinung anwesend war. Wie wir später noch genauer erklären werden, kann ein solches Phänomen auch auf experimentellem Wege im Labor getestet werden.

Forscher sind zu der Ansicht gelangt, daß dieses Strahlenlicht eine Erscheinung ist, die darauf beruht, daß Energie den Körper verläßt und in Form von Licht dann sichtbar wird. Dies würde auch erklären, warum in vielen Jahrhunderten auf Darstellungen Sterbender häufig ein Lichterschein zu sehen ist.

Es kann auch vorkommen, daß eine Erscheinung bei dem Sterbenden auftritt, die von Außenstehenden nicht direkt wahrgenommen wird, sondern nur auf Grund einer ›Stimmungsänderung‹ fühlbar wird.

Eine Krankenschwester berichtet von einer neunundfünfzigjährigen Patientin, die an einer starken Lungenentzündung gelitten hatte:

»Der Ausdruck auf ihren Gesichtszügen war wunderbar. Ihre gesamte innere Haltung hatte sich mit einem Schlag verändert, und es war mehr als nur eine Änderung in ihrer Stimmung. Es schien so zu sein, als ob etwas existierte, was von außerhalb in die Patientin hineingekommen war und ihr einen Zustand der inneren Ruhe verschaffte. Und schien so, als ob die Frau etwas sehen könnte, was wir nicht sahen.«

Welche Vision aber hatte die Sterbende? Und wie konnte es geschehen, daß Wochen und Monate des Schmerzes und der Pein mit einem Schlag wie weggewischt waren?

Dr. Osis nimmt an, daß der Geist sich befreit und seine enge Verbindung mit dem Körper aufgibt, wenn eine Person nahe dem Tod ist. Der Astral-Körper macht sich dann bereit, sich von dem physischen Körper zu lösen.

Im folgenden wird ein Fall geschildert, bei dem Schmerz und Elend augenblicklich verschwanden. Der Arzt, der diesen Fall schildert, arbeitete lange Zeit als Direktor eines Krankenhauses in Indien.

»Ein Mann, der bereits weit in den siebziger Jahren war, litt in einem fortgeschrittenen Stadium an Krebs. Er konnte vor Schmerzen kaum noch schlafen und bewegte sich voller Qualen in seinem Bett. Eines

Tages, nachdem es ihm gelungen war, ein wenig zu schlafen, erwachte er mit einem frohen Ausdruck in seinem Gesicht. Es schien so zu sein, als ob aller Schmerz und alle Qual von ihm genommen worden waren. Wir gaben ihm zu diesem Zeitpunkt, wie üblich, eine Dosis an schmerzstillenden Mitteln, und der Mann verabschiedete sich von uns allen, was er bisher noch nie getan hatte. Dann erzählte er uns, daß er bald sterben werde. Aber er sagte dies froh und fast heiter. Wenige Minuten später fiel er in Koma und starb tatsächlich kurz darauf.«

Wenn man sich die traditionellen Religionen im Hinblick auf den Tod ansieht, dann verkünden sie alle, daß die Seele den Körper im Augenblick des Todes verläßt. Parapsychologen erklären, daß die Seele und der Astralkörper ein und dieselbe Sache seien. Wenn man sich an die Theorie von Dr. Osis hält, verläßt die Seele den Körper stufenweise.

»Während der Patient scheinbar noch lebt, verläßt seine Seele den Körper nicht plötzlich, sondern stufenweise, denn die Seele muß sich erst langsam vom Körper lösen. Daher können wir auch manche Regungen des Patienten noch verfolgen und erkennen, während er stirbt.«

Viele Kranke reden noch, bevor sie sterben, und sie berichten von Menschen, die schon lange Zeit tot sind und die sie in dem gleichen Augenblick wiedergesehen haben. Andere erzählen von wunderbaren und fantastischen Ereignissen, die ihnen vor ihrem geistigen Auge erscheinen. Und viele von diesen Dingen sind auch von den Menschen berichtet worden, die klinisch bereits tot waren.

In einer amerikanischen Studie über sterbende Patienten berichten über zwei Drittel von ihnen, daß sie von den gestorbenen Menschen, die sie im Geiste sehen, immer wieder aufgefordert werden, in ihr Reich zu kommen.

Ein Arzt erzählt von einer krebskranken Frau, die sich kurz vor ihrem Tod im Bett aufgerichtet und mit verklärten Gesichtszügen gerufen habe: »Ich komme wieder zu dir.« Dann sei sie im Bett zusammengebrochen, habe den Namen ihres verstorbenen Mannes gemurmelt und sei daraufhin gestorben.

Werden diese Stimmen, Einbildungen und Lichter nur in der Einbildung des Patienten konkret, weil er durch Krankheit, Medikamente oder Schmerzen beeinflußt ist? Wir wissen, daß hohes Fieber oder der Einfluß von Drogen zu Bildern der Fantasie führen können, die durchaus auch einen gewissen Wahrheitsgehalt haben. So wissen wir zum Beispiel durch Nachforschungen, daß die glaubhaftesten Visionen von Patienten berichtet wurden, die kurz vor ihrem Tod noch in einem Stadium relativer Gesundheit sich befanden und ihre Schilderungen nicht allein dem Einfluß von Medikamenten oder gestörtem Bewußtsein entsprangen.

»Die Theorie vom gestörten Bewußtsein erklärt keineswegs die Visionen«, erklärt Dr. Osis. »Es sieht vielmehr so aus, als ob bestimmte Bilder und Fantasien im Menschen den Tod überdauern.«

Kann eine Person, die eine Vision vom Leben nach dem Tod hat, diese Vision auch mit einigen Fakten anreichern, die ihre Fantasie glaubhaft machen? Mit anderen Worten: Kann ein normaler Tod eine Begegnung der zweiten, dritten oder vierten Art hervorrufen, wie es häufig bei rein klinischen Toden der Fall ist? Diese Bereiche sind natürlich schwer zu erforschen, aber es ist einigen Wissenschaftlern gelungen, Fakten zu ergründen.

Ein Mediziner berichtet von einer Frau, die kurz vor dem Tod stand:

»Ich saß bei einer schwerkranken Frau, die kurz vor ihrem Tod war. Es war halb fünf, und die Frau sagte mir, daß sie meinen Großvater neben mir sitzen sehe. Sie erklärte mir, daß ich schnell nach Hause gehen sollte, denn es sei dort etwas passiert. Als ich wenig später zu Hause eintraf, wurde mir gesagt, daß mein Großvater um vier Uhr gestorben sei. Diese Frau hat dann also meinen Großvater im Bereich des Todes getroffen.«

Diese Berichte von Menschen, die sich in der Nähe des Todes befinden, verwirren sehr häufig die Ärzte, aber sie erkennen gleichzeitig, daß sich die Patienten in dieser Zeit sehr klar ausdrücken können und über sehr präzise Bilder der Fantasie verfügen.

So hat zum Beispiel Dr. Kübler-Ross diese Fähigkeiten an einer Reihe von Patienten festgestellt, die an einer Schizophrenie litten. Dies stimmt dann auch sehr gut mit der Vermutung überein, daß sich in der Zeit des Todes der astrale Körper (Bewußtsein oder Seele) nur teilweise vom physischen Körper löst. Es würde auch mit der Feststellung übereinstimmen, die ein Mediziner traf, der einen zweiundzwanzigjährigen Mann kurz vor seinem Tod beobachtete. Erstaunlich an diesem Fall ist die Tatsache, daß der Zweiundzwanzigjährige sein Leben lang blind gewesen war und plötzlich in den Minuten des Todes sich in dem Raum umblickte, in dem er sich befand, und den Arzt, die Krankenschwestern und Mitglieder seiner Familie erkannte.

Klinisch tote Patienten und Menschen, die sich kurz vor dem Tod befinden, haben also häufig ähnliche oder gleiche Bilder und Vorstellungen, die sie den Ärzten berichten. Es scheint also so zu sein, daß beide Zustände im Bereich des Todes sich sehr ähneln. Und vor allem ist der Moment, wenn Menschen kurz vor dem Tod stehen oder die Schwelle bereits seit Sekunden überschritten haben, fast identisch. Das kann dann sinnvoller Weise nur damit erklärt werden, daß ein Teil des Menschen den Tod überlebt.

Die Vorstellung von einem Leben nach dem Tod existiert in allen Kulturen und allen Zeiten, und jede von ihnen hatte eine eigene Auffassung von Himmel und Hölle. Wenn man nun gewisse Übereinstimmungen in den Auffassungen der Völker zusammenfassen würde, wie stark würden dann diese Bilder denen ähneln, die Patienten in der Todeszone von Himmel und Hölle heutzutage haben?

In der christlichen Tradition ist der Himmel ein hierarchisch gegliedertes Gebilde, in dem Engel und

Heilige die Anwesenheit Gottes genießen und an seinem Sein teilhaben. Der Koran verspricht ein friedvolles Sein in einem Paradies mit blühenden Orangenhainen, lauschigen Bächen und üppigen Palmen. Die auserwählten Menschen liegen in schillernden Kleidern auf angenehmen Ruhestätten und genießen die Früchte der Wälder und den Wein.

Die Griechen glaubten, daß das Paradies irgendwo auf einer Insel im Atlantik sein würde, und dort müßte dann auch das Ende der Welt sein. Ein ausgezeichnetes Klima sollte dort herrschen, ohne jeden Regen, Schnee oder Wind, und die süßesten Früchte würden das ganze Jahr über an den Bäumen hängen und darauf warten, daß der Mensch sie pflückt. Orphische Mysterien umgeben die paradiesischen Gefilde, denn es ist ein Platz für reine Geister.

Die Azteken unterschieden drei verschiedene Formen von paradiesischen Zuständen, die sich nach dem Tode auftun würden. Die erste Form ist angenehm und besteht aus Wasser und Nebel. Es ist eine Art von Zustand, in dem man sich in Ruhe und Geborgenheit fühlt. Der zweite Zustand ist eine schwerelose Zone, die ohne körperliches Gefühl ist. Dann folgt als letzte Steigerung das ›Haus der Sonne‹ für diejenigen, die die volle Erleuchtung erleben. Es ist für eine auserwählte Gruppe von Menschen bestimmt, die jetzt zeitlos in einem Zustand höchsten Glücks bleiben werden.

Der Philosoph H. H. Price hat in seiner Schrift *Überleben und die Idee einer anderen Welt* darauf hingewiesen, daß der Zustand nach dem Tod sehr ähnlich dem Traum sei und die Bilder, die sich sowohl im Traum als auch kurz vor dem Tod einstellen, in einem ganzen Leben erworben worden sind. Mit anderen Worten: Alles, was wir in unserem Leben erfahren haben – die guten Dinge und die schlechten, das Gute und das Böse –, bildet den Hintergrund für die Bilder und Visionen, die wir im Traum und in einem anderen Leben haben.

Während also unsere Träume rein private Erfahrungen sind, in denen andere Menschen nur als unsere eigenen Visionen erscheinen und nicht als unabhängige Wesen, erklärt Price, führen die Gestalten, die wir nach dem Tode erkennen können, ein Eigenleben und setzen sich mit Hilfe von Telepathie mit uns in Verbindung.

Dann gibt es noch eine andere Welt, die wir mit Hilfe unserer Fantasie und unseren Wünschen aufbauen, die deswegen aber keineswegs friedvoll zu sein braucht, weil sich in unseren Träumen auch der wahre Charakter unserer Wünsche offenbart, was wir am Tage häufig unter vielen Formen zu verstecken suchen.

Man muß sich jetzt fragen, welche Ähnlichkeiten und Gemeinsamkeiten die Träume mit den Begegnungen der verschiedensten Art haben. Gehen wir zuerst von den Fällen aus, wenn die Menschen nur klinisch tot waren und wieder zum Leben erweckt wurden.

DeBakey berichtet von einem Patienten, der eine negative Begegnung hatte:

»Das Gefühl des Wohlbefindens, das ich kurz nach der Injektion hatte, hielt nicht lange Zeit vor«, schilderte der Patient dem Arzt und fuhr dann fort: »Ich spürte, wie das Leben mit einem Schlag enden würde, und ich bekam schreckliche Angst, daß alles zu Ende sei. Ich wollte in diesem Zustand unter allen Umständen mein Leben erhalten, auch wenn ich ahnte, daß ich dies nicht konnte.«

Und dann erzählt DeBakey von den Eindrücken des Patienten während der Operation: »Ich blickte in die Operationslampen, und sie begannen sich nach einer Weile zu bewegen. Plötzlich wechselte das Licht in gespenstisches Rot um, und ich hatte den Eindruck, als ob mich ein teuflisches Gesicht angrinsen würde. Ich wollte mich erheben, um mich dagegen zu wehren, aber ich merkte, wie unbeweglich ich war. Ein Gefühl von Verzweiflung und unendlicher Verlassenheit bemächtigte sich meiner, und ich war hilflos wie noch nie zuvor.«

Dieser Patient konnte also über keine hellen und freundlichen Lichter berichten, die ihm erschienen waren. Auch waren ihm das Gefühl und die Empfindung von Ruhe und Friede absolut fremd.

Wenn man die Untersuchungen von Dr. Osis heranzieht, der über tausend Menschen beobachtet und befragt hat, kurz bevor sie starben, so findet sich bei ihm nur ein einziger Fall, daß eine Patientin ihm erzählte, sie hätte die ›Hölle‹ gesehen.

Es ging dabei um eine schwerkranke Frau, die eine Gallenoperation hinter sich hatte.

Sie erzählte dem behandelnden Arzt:

»Als ich wieder zu mir gekommen bin, habe ich gedacht, daß ich tot war und durch die Hölle gegangen bin.«

Und der Arzt berichtet von ihr, daß sie ihn mit so angstvollen Augen angesehen habe, wie dies bisher bei noch keinem anderen Patienten der Fall gewesen war. Er mußte ihr daraufhin mehrmals versichern, daß die Operation gut verlaufen sei und es keinen Grund mehr gäbe, sich in irgendeiner Weise aufzuregen.

Aber die Frau war noch ganz in ihren Visionen verstrickt, und sie erzählte ihm, daß der Teufel hinter ihr hergelaufen sei, um sie in sein Reich einzufangen. Die Angst der Frau wurde immer größer, so daß die Ärzte Schwierigkeiten hatten, sie zu beruhigen.

Fälle dieser Art sind äußerst selten. Aber sie zeigen, wie die meisten Religionen es auch schildern, daß der Bereich des Todes und des Schreckens für die Menschen zur Vision und Wirklichkeit werden können.

II

Begegnungen der zweiten Art

Wir haben diese Kategorie so definiert, daß sie Menschen einschließt, die klinisch tot waren, medizinisch ohne Bewußtsein oder sich in einer extremen lebensgefährlichen Situation befanden. Nachdem sie diese Momente durchstanden haben, sind sie wieder zum ›normalen‹ Leben zurückgekehrt und waren in der Lage, über ihre Erlebnisse, Visionen und Bilder zu sprechen.

Man muß in diesem Stadium der Begegnung der zweiten Art davon ausgehen, daß diese Menschen über einen Astralkörper verfügen, der es ihnen ermöglicht, sich von ihrem leiblichen Körper zu trennen, um sodann in ein anderes Reich einzutreten und aus diesem wieder in das ›normale‹ Leben zurückzukehren. Anhand von drei Beispielen wollen wir versuchen, diese Begegnungen der zweiten Art näher zu untersuchen und zu zeigen, in welchen Einzelheiten sie sich von den Begegnungen der ersten Art unterscheiden.

Barbara Pryor litt im Alter von neununddreißig Jahren an einer schweren Lungenembolie und wurde in das Krankenhaus von Washington eingeliefert. Der behandelnde Arzt, Donald Payne, sagte über ihren Gesundheitszustand: »Sie war in einer konditionell sehr schlechten Verfassung, als wir sie bei uns aufnahmen.«

Barbara Pryor schilderte ihre Erlebnisse mit folgenden Worten:

»Kurz nachdem ich in das Krankenhaus eingeliefert worden war, erhob sich mein Geist in die Luft. Ich spürte ein unendliches Gefühl von Frieden und Freiheit. Es war einfach wunderbar. Ich konnte meinen eigenen Körper in dem Bett liegen sehen, in dem sie mich eingeliefert hatten. Gleichzeitig spürte ich, wie sehr ich von ihm entfernt war und wie wenig ich mit ihm zu tun hatte.«

Und dann kam sie auf ihre Beziehung zu ihrer Umwelt zu sprechen:

»Dr. Payne stand neben meinem Bett und versuchte eine künstliche Beatmung. Ich wunderte mich darüber, warum er in dieser Weise mit meinem Körper umging, denn ich brauchte ihn gar nicht mehr, weil ich mich frei und glücklich fühlte. Dann kam noch ein Mann, den ich noch nie in meinem Leben gesehen hatte, in das Zimmer hinein und kümmerte sich mit Dr. Payne um meinen Körper. Sie schlossen mich an einen Infusionsapparat an, bald darauf kam die Krankenschwester, und sie wollten das Bett hinausfahren. In diesem Augenblick kippte die Apparatur mit den Flaschen um und schlugen auf meinen Körper auf. Aber all dies kümmerte mich nicht, denn ich war frei und glücklich.«

Nach einer Weile schilderte sie dann ihre Begegnung mit einem Verstorbenen:

»In der nächsten Sekunde hatte ich das seltsamste Gefühl, das mich jemals befallen hat: Ich spürte, wie mein Bruder, der vor einem Jahr an Leukämie gestorben war, auf einmal neben mich trat.«

Sie wollte sich zu ihm umdrehen, als sie plötzlich die Stimme von Dr. Payne hörte:

»Sie müssen atmen, Barbara, sie müssen selber atmen.«

Die Patientin erzählte weiter:

»Ich mochte aber nicht tun, was der Arzt sagte, denn ich befand mich in einem überirdisch glücklichen Zustand, von dem er mich jetzt befreien wollte. Ich fühlte mich wie in einem Paradies, aus dem er mich vertreiben wollte. Aber dann verspürte ich mit einem Schlag einen stechenden Schmerz und merkte, wie ich in meinen Körper zurückgekehrt war. Ich war verärgert über den Arzt, und wenn es eine Möglichkeit gegeben hätte, in mein Paradies zurückzukehren, so wäre ich diesen Weg gegangen.«

Wenn man den Fall der Barbara Pryor analysiert, kann man drei wichtige Etappen der Begegnung der zweiten Art feststellen:

1. Dr. Payne unternahm eine medizinische Anstrengung, die von Barbara Pryor außerhalb ihres Körpers wahrgenommen wurde und die sie nicht wollte.

2. Ein zweiter Arzt kam dazu und unterstützte die Bemühungen seines Kollegen.

3. Als die Krankenschwester die Flaschen umstieß, fiel eine davon auf das linke Auge der Patientin. Später stellte sich an dieser Stelle ein Bluterguß ein, der jedoch harmlos war. Die Patientin ›erlebte‹ dies alles mit, ohne jedoch bei Bewußtsein gewesen zu sein. Sie war also tatsächlich klinisch bereits tot, konnte trotzdem aber die Geschehnisse um sie herum ganz genau wahrnehmen.

Es gibt einen Fall, der ähnlich gelagert ist: Barbara Morris Davidson nahm im Alter von sechsunddreißig Jahren eine Überdosis Schlaftabletten, um ihrem Leben ein Ende zu setzen. Sie wurde in das Commuty Hospital in Atlanta eingeliefert. Ihr Zustand wurde als schlimm bezeichnet, sie kämpfte um diese Zeit bereits mit dem Tod. Wie ihr Arzt, Walter Head, später mitteilte, lag sie dann drei Tage und Nächte ohne Bewußtsein in ihrem Bett.

Barbara Davidson berichtete später, daß auch sie die Ärzte und Schwestern um ihr Bett gesehen habe. Sie habe sogar noch das Schild mit ihrem Namen über ihrem Bett erkennen können, allerdings war ihr Geburtsdatum falsch angegeben, und sie wollte die Schwestern darauf aufmerksam machen, aber sie merkte bald, daß sie sich mit ihnen nicht verständigen konnte. Schließlich wollte sie nach Hause gehen und ihren Ehemann über diesen Irrtum aufklären.

Die Patientin erzählte:

»Ich machte mich auf den Weg zu unserem Haus, um mit meinem Mann über diese Sache zu sprechen. Als ich dort angekommen war, merkte ich zu meinem großen Erstaunen, daß meine Füße den Boden nicht berührten. Erst in diesem Moment erkannte ich, daß ich schwebte.«

Nach einer Weile der Überlegung berichtete sie weiter von dem Erlebnis:

»Ich kam in unser Haus hinein und fand meinen Mann schlafend im Sessel. Er machte einen friedlichen und entspannten Eindruck, daß ich ihn zuerst nicht wecken wollte. Aber dann versuchte ich doch, ihn wach zu machen, aber es gelang mir nicht. Nach einer Weile gab ich meine Bemühung auf und kehrte wieder ins Krankenhaus zurück.«

Der nächste Eindruck, an den Barbara Davidson sich erinnern kann, ist der Augenblick, als sie die Ärzte und Schwestern um ihr Krankenbett stehen sah, die sie mit ungläubiger Miene anstarrten. Erst viel später erfuhr sie, daß sie drei Tage im Koma gelegen hatte und daß ihr Herz zeitweilig ausgesetzt hatte.

Als sie später ihrem Mann davon berichtete, wie sie ihn zu Hause aufgesucht hätte, sagte er ihr, daß an einem Abend, als sie noch im Krankenhaus war, ihn ein seltsames Gefühl überkommen habe.

Nachdem er dies gesagt hatte, war sich Barbara gewiß, daß ihr Ausflug aus der Klinik nicht ein Produkt ihrer Einbildung gewesen sein konnte, sondern sich tatsächlich zugetragen haben mußte. Bald darauf ging sie auch in das Krankenhaus zurück und sah ihre Karteikarte ein. Und tatsächlich war auch dort ihr Geburtsdatum falsch angegeben.

Interessant an diesen beiden Fällen ist der Umstand, daß beide Patientinnen kein Licht gesehen, keine Stimmen gehört und keine direkte Begegnung mit einem Geist aus einer anderen Welt hatten. Auch haben sie nicht, wie viele andere, die eine Begegnung der zweiten Art hatten, Musik gehört oder doch eine Art von Sphärenklang vernommen.

Zu diesem Zeitpunkt der Forschung über derartige Phänomene kann man nur darüber Mutmaßungen anstellen, warum dies so ist. Es kann sein, daß die akustischen und visuellen Reize, die eine Begegnung der ersten Art kennzeichnen, so stark sind, daß sie in diesem Stadium die ganze Aufmerksamkeit der Person an sich ziehen. Auch scheint es so zu sein, daß eine Person bei der Begegnung der ersten Art stärker ›tot‹ ist, denn es fehlen dabei fast immer die Berichte, daß eine Person mit Lebenden wieder Kontakt aufgenommen hat oder daß sie in die Wirklichkeit zurückgekehrt ist.

Der englische Forscher Dr. Robert Crookall hat einige Punkte zusammengefaßt, in denen er die Begegnungen der zweiten Art kennzeichnet:

1. Die Person fühlt, daß sie plötzlich ihren eigenen Körper verläßt.

2. Im Augenblick des Verlassens tritt eine schwere Bewußtseinsstörung ein.

3. Bevor der Astralkörper auf Wanderschaft geht, ruht er einen Moment über seinem leiblichen Körper und beobachtet dessen Umgebung.

4. Bevor der geistige Körper wieder zurückkehrt, verharrt er einen Moment in der Lage, in der er war, als er auf die Wanderung ging.

5. Wenn der geistige Körper wieder in den leiblichen Körper eintritt, tritt erneut eine Bewußtseinsstörung auf, und er erkennt diesen Vorgang nicht mehr bewußt.

6. Der geistige Körper tritt fast übergangslos wieder in den eigentlichen Körper zurück.

III

Unerwartete Begegnungen der dritten Art

Wir haben diese Kategorie so definiert, daß sie Personen einschließt, die entweder im ›Jenseits‹ gute Kontakte mit anderen bereits toten Menschen aufnehmen können oder die in der Lage sind, sich zu lebenden Menschen zu begeben, um ihnen etwas mitteilen zu wollen.

Die Unterscheidung zu der Begegnung der zweiten Art liegt darin, daß die Person, mit der der ›geistige Körper‹ zusammentrifft, nur eine sehr vage Erinnerung daran hat, mit einer jenseitigen Person in Kontakt getreten zu sein. Auch weiß die lebende Person nicht, mit wem er oder sie aus dem Jenseits in Berührung gekommen ist. Es stellt sich nur eine ungefähre Vorstellung ein, mit irgend etwas in Verbindung gewesen zu sein.

Der anfangs besprochene Fall der Martha Egan fällt eindeutig in diese Kategorie der Begegnung der dritten Art, denn sie hatte versucht, mit ihrer Mutter in Kontakt zu treten. Dann gibt es noch einen anderen Fall, der gut dokumentiert ist: Wallace Abel war Professor für Rhetorik an der Universität von Arizona und arbeitet jetzt als Journalist. Er liefert ein weiteres Beispiel für dieses Phänomen.

Sein Fall kann von mehreren Mitgliedern seiner Familie und einigen Ärzten und Krankenschwestern bestätigt werden, denn sie alle waren während seiner Krankheit über einen längeren Zeitraum bei ihm auf der Intensivstation.

Wenige Wochen vor seinem neunundvierzigsten Geburtstag brach Wallace Abel in seinem Haus zusammen. Seine Atmung hörte auf, und sein Puls war nicht mehr zu spüren. Man brachte ihn sofort auf die Intensivstation des Scottsdale Memorial Hospital. Man begann mit Wiederbelebungsversuchen, aber sie schienen erfolglos zu sein.

Abel war tot, aber er konnte später nichts über diesen Zustand aussagen. Aber wenige Tage später begann sein Herz ungleichmäßig zu schlagen. Man gab ihm sofort einige Mittel, doch sprach er nicht darauf an.

Eine Krankenschwester erinnert sich: »Nach wenigen Minuten begann er zu halluzinieren. Ich hatte den Eindruck, daß er mit Gott darüber sprach, daß er zu diesem Zeitpunkt noch nicht aus dem Leben scheiden wollte.«

Auch die Ärzte bestätigten, daß Abel im Sterben lag. Ein Pfarrer wurde noch von Abels Frau hinzugezogen. Viel später erst konnte Abel selber zu diesem Vorfall Stellung nehmen, und er schildert ihn folgendermaßen:

»Ich spürte, wie eine undefinierbare Gestalt meinen Körper verließ, aber gleichzeitig merkte ich auch, wie sich mein Körper dagegen zu wehren versuchte. Meine Einbildungskraft wehrte sich gleichermaßen dagegen, und ich erkannte, daß es ein Kampf auf Leben und Tod war.«

Einige hundert Kilometer weiter auf dem Campus einer texanischen Universität war seine Schwester auf dem Weg zu ihrem Hörsaal. Mit einem Mal spürte sie, wie sie ein seltsames und bis dahin nie gekanntes Gefühl überkam.

Sie erzählte uns davon später:

»Ich spürte auf einmal, wie unsinnig es von mir war, jetzt zu einer Vorlesung zu gehen. Ich hatte einfach den Eindruck, daß ich damit etwas Unsinniges tun würde. Dieser Gedanke war eigentlich lächerlich, denn ich hatte mich schon den ganzen Tag auf die Universität eingestellt. Aber das Gefühl war so stark, daß ich mich einfach nicht dagegen wehren konnte. Deshalb ging ich wieder zurück, setzte mich auf eine Bank und hatte den Eindruck, daß mein Kopf leer war.«

Aber sie hatte sich dann bald wieder gefangen und ging den gleichen Weg auf das Gebäude der Universität zu.

Dies schildert sie so:

»Ich betrat zögernd das Gebäude, doch kurz darauf hatte ich wieder den Eindruck, daß ich etwas Falsches tat. Ich sah dann am Ende des Ganges eine Menge Leute stehen und ging darauf zu. Plötzlich spürte ich einen stechenden Schmerz in meiner Brust, und mein Atem begann sehr schwer zu gehen. Trotzdem schritt ich auf den Saal zu, und dann sah ich vor dem Eingang einen Zettel hängen, auf dem stand, daß ich sofort nach Hause gehen sollte, denn es wäre ein Notfall in meiner Familie vorgekommen.«

Seine Schwester wußte, daß er in früheren Jahren einen Herzanfall erlitten hatte, und obwohl die Nachricht auf dem Zettel keine Einzelheiten über den Unfall oder die Person beinhaltete, wußte sie sofort, daß es sich dabei um ihren Bruder handelte.

Sie fuhr sofort nach Hause und erfuhr dort von Nachbarn, daß ihr Bruder sehr krank sei. Sie glaubte dieser Nachricht nicht, denn sie war im festen Glauben, daß er gestorben sei.« »Ich war mir ganz sicher, daß er gestorben war«, berichtete sie später. »Aber ich kann nicht sagen, woher mir dieser Gedanke gekommen war.«

Da sie um diese Tageszeit kein Flugzeug mehr nach Arizona bekommen konnte, setzte sie sich in ihr Zimmer und weinte. Und genau in dieser Zeit hatte Wallace Abel in seinem Krankenhaus zwei Visionen:

»Eine Szene erschien vor meinem geistigen Auge klar und deutlich: Ich sah, wie ich auf dem Rücken in einem großen stillen See dahinschwamm. Meine Familie stand am Ufer und sah mir zu. Sie blickte mich besorgt an, und ich wollte näher ans Ufer schwimmen, um sie zu beruhigen, aber ich konnte es einfach nicht. Je mehr ich mich anstrengte, zu ihnen hinzukommen, je aussichtsloser wurde mein Unterfangen. Ich merkte, wie ich anfing hoffnungslos zu werden. Dann sah ich noch meine Schwester, aber auch zu ihr konnte ich nicht hinschwimmen.«

Dann änderte sich dieses Bild plötzlich, und Abel Wallace hatte eine andere Vision:

»Ich befand mich in einem Tal, das in ein weiteres Tal überging. Ich ging langsam auf dieses andere Tal zu, merkte aber gleichzeitig, wie mir das Gehen schwerfiel. Ich hatte den Eindruck, als ob meine Füße aus Blei wären, aber ich wollte dieses zweite Tal erreichen. Und dann überkam mich auf einmal ein Gefühl, das mir sagte, ich dürfte nicht weitergehen. Ich wußte genau, daß jeder weitere Schritt mich näher zu einem Punkt brachte, von dem aus es keine Wiederkehr mehr geben würde.«

Wenige Stunden danach landete das Flugzeug mit seiner Schwester. Sie fuhr mit einer Taxi zum Krankenhaus, und in dieser Zeit wachte Abel Wallace auf, blickte sich im Raum um und erkannte die Menschen, die an seinem Bett standen: Ärzte, Krankenschwestern, seine Frau, seine Kinder.

»Wo ist meine Schwester Clare?« fragte Abel Wallace leise.

Seine Frau antwortete ihm: »Wir konnten sie noch nicht erreichen. In ein paar Tagen wird sie bei uns sein, das verspreche ich dir.«

Aber Abel Wallace schüttelte den Kopf. »Ich spüre, daß sie ganz in unserer Nähe ist. Sie wird in wenigen Minuten zur Tür hereinkommen.«

Und während sich die anderen verwundert ansahen, schloß Abel Wallace die Augen und fiel in einen tiefen Schlaf. Wenige Minuten später trat dann seine Schwester Clare in den Raum.

Diese Art von Telepathie zwischen engen Familienmitgliedern oder Menschen, die sich in anderer Weise sehr nahe stehen, ist nicht ungewöhnlich. Die enge Beziehung zwischen diesen Menschen scheint eine Art Brücke für Telepathie zu sein. Und am intensivsten ist dieser Kontakt möglich, wenn sich die beiden Personen an einem Ende des Lebens befinden: der Geburt oder im Tod.

Man hat dies an einem Versuch deutlich gemacht: Bei Neugeborenen brachte man die Mutter auf eine andere Station, so daß sie ihr Kind weder hören noch sehen konnte. Und als dann eines der Babys anfing zu schreien, beobachtete man die Reaktion der Mutter. In den meisten Fällen verzog sie ihr Gesicht und verlangte von dem diensthabenden Arzt, daß man ihr sofort ihr Kind bringe, da es im Augenblick schreien würde und der Mutter bedürfe.

Einer der dramatischten Fälle einer Begegnung der dritten Art haben wir auch einem solchen Fall zu verdanken.

Im März 1959 erkrankte die fünfundfünfzigjährige Michele Hauser in Florida an Grippe. Sie hatte über drei Tage lang sehr hohes Fieber und mußte im Bett liegen bleiben. Ihre Tochter Connie hatte ihr Zimmer in dem Stockwerk über der Wohnung ihrer Mutter, und sie wachte eines Nachts mit dem Gedanken auf, daß ihre Mutter bald sterben würde.

Connie wollte ihre Mutter nicht erschrecken. Deshalb ging sie nur ein Stockwerk tiefer und rief ihrer Mutter, daß sie noch ein Glas Wasser trinken wollte. Ihre Mutter antwortete ihr kurz darauf, daß sie ihr auch ein Glas bringen sollte. Das tat Connie sofort.

Sie beobachtete noch, wie ihre Mutter das Wasser trank und ging dann wieder auf ihr Zimmer. Aber kaum hatte sie den Raum ihrer Mutter verlassen, als Michele Hauser plötzlich einen schweren Anfall bekam, der sie in die Nähe des Todes warf. Und in diesem Augenblick löste sich ihr Geist auch von ihrem Körper.

Später konnte sie von diesem Erlebnis mit eigenen Worten berichten:

»Ich war in der Lage, mich selber zu sehen. Und dann erhob ich mich auf einmal in die Höhe des Raumes und schwebte über meinen eigenen Körper hinweg. Ich flog immer höher und höher. Der Raum war wie ein großes dunkles Loch, aber es war keine Finsternis um mich herum. Ich habe nie die Worte gefunden, um das zu beschreiben, was ich erlebt habe.«

Zögernd fährt sie dann nach einer Weile in ihrer Schilderung fort:

»Der Raum um den Tod herum ist seltsam. Ich hatte überhaupt keinen Eindruck von Zeit. Ich spürte nur, daß ich mich auf etwas Seltsames zubewegte. Was es allerdings war, kann ich nicht sagen. Es gab kein Geräusch und keinen Klang in dieser Welt. Es war eine merkwürdige Erfahrung, die ich gemacht habe. Ich war sehr glücklich und habe keine Anzeichen von Angst verspürt. Als ich wieder zu mir kam, befand ich mich in meinem Bett.«

Die größte Sorge hatte sie, daß sie ihre Kinder nicht mehr wiedersehen würde. Und während Michele Hauser ihre Erfahrung mit der Begegnung der dritten Art hatte, erfuhr ihre Tochter Connie ein anderes seltsames Erlebnis.

Sie erzählt darüber selber:

»Ich sah vor meinem geistigen Auge, daß meine Mutter sterben würde. Dann erkannte ich auf einmal, wie sich ihre Seele aus dem Körper in den Raum schwang und von uns allen davoneilte. Ich war furchtbar erschrocken, denn ich wußte, daß ich nichts tun konnte, um ihr zu helfen. Ihre Seele schwebte durch das Haus, und ich wollte dieses Bild aus meinem Gehirn verdrängen, aber es war mir nicht möglich. Ihr Geist verschwand dann, und ich lag untätig auf dem Bett herum und war nicht in der Lage, etwas zu tun, denn ich hatte Angst vor der Wahrheit.«

Es dauerte über zehn Jahre, bis Connie mit ihrer Mutter über ihre Eindrücke sprach. Und als sie es tat, waren beide überrascht über die Ähnlichkeit ihrer Erlebnisse. Mrs. Hauser sagte uns dazu: »Es war so, als ob Connie das gleiche im Experiment durchlebt hat, was ich in Wirklichkeit erlebt hatte.«

Die Berührungspunkte zwischen dem Erlebnis der Mutter und Tochter sind in der Tat erstaunlich. Das hängt damit zusammen, daß das Baby schon im Mutterbauch an allen Regungen der Mutter teilnimmt, und sich diese Gefühle und Verhaltensweisen dann im späteren Leben fortsetzen können.

Sind dies zum Teil auch nur körperliche Verbindungen zwischen Mutter und Kind, so gibt es sicherlich auch seelische Verbindungen, denn Freude oder Ärger während der Schwangerschaft werden genauso übertragen wie Essen und Trinken.

Von daher können auch im späteren Leben gewisse telepathische Fähigkeiten zwischen Mutter und Kind erwachsen, die allerdings durch das tägliche Einerlei des Lebens aber ebenso wieder verschüttet werden können.

Wenn dann aber wichtige Meldungen wie der Tod eines nahen Verwandten oder Freundes übertragen werden, dann kann es schon eher möglich sein, daß diese Nachricht auch ihren Empfänger erreicht, denn neben der Geburt ist der Tod das einschneidendste Erlebnis eines Menschen.

Dr. Berthold Schwarz, ein Psychiater aus New Jersey, hat über zehn Jahre lang die Botschaften untersucht, die zwischen Eltern und Kindern sich ergeben haben. Es waren nicht in allen Fällen nur die Botschaften, die vom Tod eines Menschen ausgelöst wurden, sondern ebenso banale tägliche Ereignisse, die zwischen den Personen mitgeteilt wurden, weil sie diese für wichtig hielten.

Was Dr. Schwarz dabei am meisten interessierte, waren die Nachrichten, die von dem Empfänger für scheinbar unwichtig angesehen wurden, die aber vom Sender eine bestimmte Bedeutung haben mußten. Und seine These ist dann, daß die Menschen erst lernen müssen, die scheinbar weniger wichtigen Mitteilungen dennoch zu verstehen, weil sie sonst nicht in der Lage sind, die Bedeutung einer wichtigen Nachricht einzuordnen.

Durch diese jahrelange Erfahrung mit anderen Menschen waren Dr. Schwarz und seine Frau Ardis auch in der Lage, die nicht-verbalen Äußerungen ihrer beiden Kinder Eric und Lisa zu empfangen. Dr. Schwarz berichtet darüber:

»Im Laufe der Zeit lernten meine Frau und ich, daß wir auch gegenüber den eigenen Kindern eine besondere Art von Sensibilität entwickeln müßten, die es uns ermöglichen konnte, ihre Gedanken und Gefühle aufzufangen. Es gibt innerhalb eines Familienverbandes wichtige Mitteilungen, die nicht immer auf rein verbalem Sektor geschehen.«

In diesem Sinne ist der Fall von Wallace Abel ein typisches Ereignis, das man unter der Begegnung der dritten Art fassen kann. Seine Schwester Clare hatte nur ein unbestimmtes Gefühl, daß etwas innerhalb der Familie passiert war, aber sie reagierte auf diesen Impuls sofort.

Ein anderes Beispiel ist der Fall von Ingo Swann, der an einem schönen Sommertag durch Greenwich Village spazierenging und plötzlich einen heftigen Stich in der linken Seite seines Kopfes verspürte. Ihm wurde übel, er stürzte zu Boden.

»Ich kann nicht sagen, daß ich direkt bewußtlos war«, berichtete er später. »Es war mehr ein Dämmerzustand, in dem ich mich befand. Als ich dann später wieder zu mir kam, hatte ich das Gefühl, daß irgend etwas in mir gestorben war. Aber ich wußte nicht, was es war oder an welcher Stelle meines Körpers ich es lokalisieren konnte. Dann sagte ich mir, daß vielleicht gar nicht ich es war, der gestorben war, sondern daß es eine andere Person aus meinem Familienkreis sein könnte. Ich dachte im ersten Moment an meinen Großvater, der schon alt und schwach war.«

Einige Stunden später erhielt Swann einen Anruf von zu Hause, daß sein Vater gestorben war. Er hatte also mit seinem unbestimmten Gefühl recht behalten, auch wenn er nicht wußte, um welche Person es sich bei dieser psychischen Übertragung gehandelt hatte.

Aber es gibt noch eine andere Dimension in der Geschichte von Ingo Swann: Auch sein Vater hatte einen Gehirnschlag in der linken Seite seines Kopfes erlitten.

Ingo Swann ist nicht überrascht über die Art seines Erlebnisses, denn er ist der Meinung, daß sein Vater im Augenblick des Todes sehr nahe bei ihm war. Und seit dieser Zeit empfindet er häufig, daß sein Vater ihm in einigen Momenten so nahe ist, wie er es im Leben nicht immer sein konnte. Dies trifft besonders dann zu, wenn er selber an einer schweren Krankheit leidet oder wenn er durch äußere Bedingungen einen Schmerz erlitten hat. Und genau in dieser außergewöhnlichen psychischen Lage ist er dann aufnahmefähig für die Signale, die aus einer anderen Welt zu ihm kommen. Diese Situationen, die es dem Menschen ermöglichen, Impulse aus einer Welt zu empfangen, sollen im folgenden näher untersucht werden.

IV

Vorahnung des Todes

Jedermann hat gewiß schon einmal daran gedacht, daß eine andere Person bald sterben wird – und dies ist dann auch eingetroffen. Oder man hat davon geträumt, daß jemand sterben wird – und dieser Traum wurde bald Wirklichkeit. Wenn das der Fall ist, hat man an einer Begegnung der dritten Art teilgenommen. Dies wirft eine Frage auf, die schon in den vorangegangenen Kapiteln beleuchtet wurde: Ist es eine Fähigkeit des Menschen, den Tod vorauszusehen?

Im Dezember 1970 ging die Hausfrau Linda Wilson in New Jersey in das Haus einer Nachbarin, um ihr ein schönes Weihnachtsfest zu wünschen. Aber kaum hatte sie das Haus betreten, fühlte sie sich unwohl.

»Es war, als wenn ich den Geschmack des Todes riechen würde«, sagte sie später.

Sie empfand diesen Geschmack als säuerlich, und er war sogar in der Lage, die Düfte, die von dem Weihnachtsgebäck herrührten, zu überlagern. Der Mann der Frau, die Linda Wilson besuchen wollte, war gerade dabei, die letzten Vorbereitungen für das Fest zu treffen. Jedermann wußte, daß er an einer schweren Krankheit litt, aber selbst die Ärzte erwarteten nicht seinen baldigen Tod.

Linda Wilson erzählt von ihrer Stimmung: »Ich wußte selber, daß es völlig verrückt war, an seinen Tod zu denken, aber ich konnte es gleichzeitig nicht verhindern, daß mich dieser Gedanke mit einer ungeheuren Heftigkeit überkam. Mr. Parkinson empfing mich wie immer mit einer ungewöhnlichen Herzlichkeit, und ich half ihm noch bei den Vorbereitungen. Nichts deutete auf seinen Tod hin, aber ich wußte, daß er bald in dieses Haus einziehen würde.«

Eine Woche später war Mr. Parkinson tot. War es tatsächlich möglich, daß Linda Wilson den Geruch des Todes wahrnehmen konnte? Oder hatte sie eine besondere Antenne für das Nahen des Todes?

Es gibt eine Meinung, die besagt, daß man den Tod in irgendeiner Form sehen könnte. Ein bekannter Psychiater stand eines Tages in einem Bürohochhaus und wartete im zwanzigsten Stock auf den Fahrstuhl. Als er nach einer Weile kam, standen fünf Personen darin und blickten den Psychiater an. Er erkannte sofort, daß die Leute einen hellen Schein um ihren Körper hatten.

Ein Mann stieg aus dem Fahrstuhl, und dieser Schein verschwand bei ihm augenblicklich. »Die anderen hatten diesen Schein des Todes noch immer«, erzählte der Psychiater später. »Ich wollte es ihnen sagen, aber es war schon zu spät. Die Tür schloß sich wieder, und dann hörte ich, wie der Fahrstuhl in die Tiefe raste. Alle vier Menschen waren auf der Stelle tot, denn sie fielen zwanzig Stockwerke tief.«

Es herrscht die allgemeine Gewißheit, daß viele Tierarten den Tod fühlen können. Rosalie Abreu hat jahrelang Schimpansen beobachtet, und sie berichtet von einem Vorfall, der ein Schimpansenweibchen betraf.

»Ich beobachtete dieses Weibchen eine Zeitlang, es schien völlig normal zu sein. Aber plötzlich fing es unvermittelt an zu schreien, blickte sich immer wieder um und war durch nichts zu beruhigen. Wir haben nach dem Grund für dieses Verhalten gefragt, später haben wir gemerkt, daß ihr Kleines in diesem Augenblick einige hundert Meter weiter gestorben war.«

Eine andere Tierart, die den Tod nahen spürt, sind die Geier. Wie kann es passieren, daß sie von weit herfliegen und wissen, daß an einem bestimmten Punkt ein anderes Tier verendet? Wir kennen in dieser Beziehung auch das Verhalten von Hyänen und Schakalen, die sterbende Tiere über eine weite Entfernung riechen.

Der Biologe Lyall Watson berichtet über das Verhalten von Geiern folgendes:

»Bei Geiern scheint es nicht so zu sein, daß sie den Geruch eines sterbenden Tieres riechen, sondern sie haben eine eigene Antenne dafür, wenn in einem weiten Umkreis ein Tier stirbt.«

Watson erklärt dann diesen Umstand an einem Fall, den er beobachtet hat:

»Ich habe einmal mitten in einer dunklen Nacht gesehen, wie eine Antilope angeschossen wurde. Die Geier konnten also nicht erkennen, wo sich die Antilope befand, aber sie waren kurz darauf da, als das Tier zu sterben begann. Das läßt sich nicht damit erklären, daß Geier vorzügliche Augen haben, denn es war ja mitten in der Nacht. Es scheint viel eher so zu sein, daß sterbende Tiere einen Impuls aussenden, der von anderen Tieren mit einem besonderen Sensorium aufgefangen wird.«

Mit diesem Phänomen haben sich viele Wissenschaftler beschäftigt. Sie sind zu der Überzeugung gelangt, daß sterbende Organismen im Augenblick ihres ›Zusammenbruchs‹ einen starken Impuls ausstrahlen, der von anderen Lebewesen empfangen werden kann.

Unter diesem Gesichtspunkt kann man auch die Vorahnung eines nahen Todes verstehen, denn der Zusammenbruch kündigt sich bei manchen Menschen früher an als bei anderen. Und während der Organismus langsam anfängt zu sterben, kann es passieren, daß eine andere Person mit einem besonderen Sensorium diese ›Mitteilung‹ empfängt.

Man hat außerdem noch herausgefunden, daß ältere Menschen kurze Zeit vor ihrem Tod psychische Veränderungen zeigen, die dann wiederum – auch im Unterbewußtsein – von anderen Menschen wahrgenommen werden können und zu der Ahnung führen, daß die betreffenden Personen nicht mehr lange am Leben bleiben werden.

Dr. Morton A. Liebermann begann eine medizinische Untersuchung, die sich über einen Zeitraum von zwei Jahrzehnten hinzog. Er nahm achtzig Menschen als Versuchspersonen, und im Laufe dieser langen Zeit starben dreißig von ihnen, obwohl sie alle zu Beginn der Versuchsreihe körperlich völlig gesund waren.

Liebermann fand heraus, daß die Menschen, die am frühesten gestorben sind, immer weniger Energie besaßen, daß ihr Sinn für die Wirklichkeit in starkem Maße abnahm, und er hat diese Persönlichkeitsveränderungen in einer Reihe von Tests festgehalten.

Dr. Liebermann kam zu der Ansicht, daß eine psychische Veränderung dann eintritt, wenn der körperliche Verfall beginnt. Er drückt dies so aus: »Der Körper sendet Signale an die gesamte Persönlichkeit, die auch von dem seelischen Teil aufgefangen wird. Und damit beginnen dann die Veränderungen in der Persönlichkeitsstruktur des Menschen.«

Dies wird von vielen Ärzten und Krankenschwestern bestätigt, die berichten, daß sie auch um den Körper sichtbare Veränderungen wahrnehmen. Sie erzählen von Lichterscheinungen, die sie gesehen haben oder anderen sichtbaren Zeichen, daß ein Mensch stirbt. Es gibt aber noch andere Indizien dafür, daß ein Mensch den Tod nahen fühlt.

William Greene hat die Lebensläufe von über hundert Patienten untersucht und stellte dabei fest, daß sich die Psyche der Menschen, die den Tod in sich fühlen, verändert. Dies kann innerhalb eines Zeitraumes von einigen Tagen bis über Monate gehen.

Die Depressionen, in die viele Patienten verfallen, können hormonelle Schübe auslösen, die dann ins zentrale Nervensystem wandern und von dort aus das Aussehen des Menschen verändern. Man muß sich jetzt fragen, was diese Depressionen auslöst. Die einfachste Antwort ist, daß die Menschen den Tod nahen spüren.

Innerhalb dieser Depressionsphasen gibt es Abstufungen. Dr. Elisabeth Kübler-Ross unterscheidet dabei fünf verschiedene Stufen. Sie stellt diese an dem Fall der Mary Sparks, einer Geschäftsfrau aus Florida, dar:

Mary Sparks spürte, daß sie bald sterben würde. Sie war sich dabei aber nicht sicher, ob sie dieses Gefühl schon besaß, bevor sie die Anschwellung eines Lymphknotens bei sich entdeckt hatte. »Ich versuchte, den Gedanken an den Tod immer wieder zu verdrängen«, berichtete sie ihrer fünfundzwanzigjährigen Tochter Kathy. »Aber es gelang mir auf die Dauer nicht.«

Zeitweise war sie in der Lage, nicht mehr an den Krebs zu denken, der in ihrem Körper sich immer mehr ausbreitete. Aber auf der anderen Seite konnte sie die immer größere Anschwellung ihrer Lymphdrüsen nicht ignorieren. Als die Ärzte ihr aber immer weniger Hoffnungen machten, fand sie sich damit ab, bald zu sterben. Dies geschah allerdings nicht sofort. Sie ging erst durch die Phasen von ›Verweigerung‹, ›Ärger‹, ›Sich-abfinden‹ und ›Depression‹ hindurch.

Verweigerung

Die erste Reaktion eines Menschen, der ahnt, daß er sterben muß. Er fragt sich, warum es ausgerechnet er ist. Dazu Kübler-Ross: »Es ist eine typische Reaktion für den Patienten, denn sie erlaubt ihm, sich wieder zu sammeln und gleichzeitig entwickelt er dann weniger radikale Abwehrmechanismen.«

Ärger

Der Patient wird dann mit sich und der Welt unzufrieden. Er fragt sich, warum nicht andere Menschen vor ihm sterben. Er sucht nach Gründen, warum es ausgerechnet ihn trifft. Ein junger Mann berichtete Kübler-Ross: »Ich kenne seit meiner frühesten Jugend einen alten Mann, der immer unsere Straße entlanggeht, um ein paar Kleinigkeiten einzukaufen. Er ist heute zweiundachtzig Jahre alt. Und als man mir gesagt hat, daß ich sterben muß, habe ich immer wieder verbittert gefragt: Warum ich und nicht der alte George?«

Sich-abfinden

Es ist das Stadium nach dem Ärger, weil jetzt die Erkenntnis Oberhand gewinnt, daß man nichts mehr an seiner Lage ändern kann. Man beginnt sich, mit der Situation auseinanderzusetzen und versucht in diesem

Stadium, der eigenen Lage noch positive Seiten abzugewinnen.

Depression

Der Zustand des Sich-abfindens hält allerdings nicht lange Zeit an, und der Patient verfällt in Schwermut, weil er sich der Unausweichlichkeit des Todes bewußt wird. Und dieses Stadium hat nach Angaben von Kübler-Ross sogar seine positive Seite: Der Patient beginnt jetzt, sich mit der Wirklichkeit seines Daseins und der Schwere der Krankheit auseinanderzusetzen.

Die letzte Stufe ist dann eine Form des Akzeptierens. Man weiß um den eigenen Zustand und findet sich in zunehmendem Maße damit ab. In dieser Phase haben dann einige Patienten Visionen, da sie sich schon nahe dem Tod fühlen und sich auf eine andere Welt vorbereiten. Sie hören Stimmen aus dem Jenseits, durchschreiten lange schwarze Tunnels oder sehen Licht, das an einem Ende der Welt auf sie wartet.

So erzählte auch Mary Sparks ihrer Tochter: »Als ich schließlich mich mit allem abgefunden hatte, war ich innerlich ganz ruhig, denn ich wollte ab jetzt nicht mehr unvernünftig wie ein Kind handeln.«

Über die fünf Stufen berichtete sie Dr. Kübler-Ross in ähnlicher Weise, wie sie vorher beschrieben worden sind. Hinzu kam bei Mary Sparks dann noch eine weitere Stufe – das Leben nach dem Tode.

Sie berichtete davon Kübler-Ross:

»Ich habe vorher nie an ein Leben nach dem Tod geglaubt. Aber als ich selber so nah vor dem Tod stand, hat sich etwas in mir aufgetan, was ich vorher nicht gekannt habe. Ich wußte auf einmal, daß es nach dem Leben weitergehen wird, und ich hatte keinen Zweifel daran.«

Kübler-Ross kann dies in ähnlicher Weise nicht nur theoretisch nachvollziehen, sondern sie hat durch ihre Beschäftigung mit tausend sterbenden Patienten auch bei sich selber eine Entdeckung gemacht.

Sie berichtete uns davon, als wir sie in ihrer Wohnung interviewten:

»Ich war anfangs der normale Wissenschaftler, der sich mit Fällen von Patienten zu beschäftigen hat. Aber im Laufe der Zeit merkte ich, wie ich mich immer stärker mit dem Schicksal des einzelnen Patienten befaßte, so daß ich manche Gefühle, die sie hegten, auch schon bei mir selber zu spüren begann. Und dann erlitt ich eines Tages auch diese Schmerzen, die sich vor dem Tod einstellen, und ich sah ein Licht vor mir, wo keines war.«

Nachdem sie einen Moment nachgedacht hatte, fuhr sie mit der Beschreibung fort:

»Durch meine intensive Beschäftigung mit den Patienten war ich selber in der Lage, etwas nachzuvollziehen, wozu mir die körperlichen Voraussetzungen der Krankheit fehlten. Aber ich merkte, was in den Männern und Frauen vor sich gehen mußte, und deshalb konnte ich auch mit ihnen leiden. Ich habe dies in einem Maße getan, wie es für einen normalen Menschen nicht möglich ist, denn er kennt nicht die Leiden, die meine Patienten haben.«

Dann berichtete sie von einem Vorfall, der ihr Leben fast völlig verändert hatte:

»Ich war eines Tages dem Tod so nahe, aber ich wollte mich nicht in meine Situation einfinden. Ich flehte auf einmal, weil ich eine ungeheure Angst vor dem Tod hatte, und mir fiel dann nur ein, daß man mich verschonen sollte, weil ich doch noch vielen Patienten helfen könnte, ihre letzten Stunden leichter zu ertragen.«

Aber dieses Argument nützte ihr nichts, denn auch sie schritt dann durch die Freuden und Qualen des Todes. Sie sah, wie ihre Patienten auch, ein ungeheures Licht, das mit menschlicher Sprache nicht mehr zu beschreiben war – und sie erlebte die Wonnen einer anderen Welt.

Jetzt war auch sie in der Lage, die Dinge zu begreifen, die sie nur vom Hören-sagen kannte:

»Ich habe lange Zeit nach Worten gesucht, die das ausdrücken können, was ich erlebt habe, aber ich muß gestehen, daß ich diese Worte bis heute nicht gefunden habe. Ich bin nur in der Lage, ungefähr das zu erzählen, was ich gesehen und gehört habe. Es deckt sich dabei genau mit den Schilderungen meiner Patienten, die klinisch tot waren, aber dann wieder ins Leben zurückgekehrt sind. Ich habe Töne gehört, wie sie auf Erden nicht möglich sind, und wie sie unser Ohr auch gar nicht aufnehmen kann. Dann habe ich ein Licht gesehen, das es im normalen Lichtspektrum nicht gibt und das unser Auge rein physisch nicht aufnehmen kann. Und ich habe Bilder gesehen, wie sie unsere Fantasie nicht in den wirrsten Träumen hervorbringen kann, weil unser Verstand nicht in der Lage ist, sich solche ungeheuren Bilder zu denken. Und auch ich bin dann wieder zum Leben gekommen und habe nicht gewußt, wie ich diese Phänomene erklären soll, die sich mir in einer anderen Welt aufgetan haben.«

V

Unerwartete Begegnungen der vierten Art

Dies sind ungewöhnliche Enthüllungen. Sie zeigen die Möglichkeit des Überlebens, wenn man die aufgezeigten Fakten akzeptiert. Und es gibt genügend Hinweise darauf, daß der Tod mit dem Leben in Berührung treten kann. Wie dies auch umgekehrt der Fall ist.

Die Begegnung der vierten Art kann in einer vielfältigen Weise vorkommen: Im parasensorischen Hören der Stimme eines Menschen, der vor langer Zeit gestorben ist oder der im Begriff ist zu sterben. In der parasensorischen Vision eines Menschen, der schon tot ist, aber lebendig vor ihm auftritt und mit ihm spricht. Und in der parasensorischen Berührung von einem Menschen, der auch schon lange gestorben ist und der sich jetzt einem lebenden Menschen mitteilen will. All diese Erscheinungen sind von Personen belegt worden, denen eine vierte Begegnung zuteil geworden ist.

Jeff Barker ist ein fünfundfünfzigjähriger Ingenieur bei einer Fernsehstation im Mittelwesten Amerikas. Er leidet an einer Blutkrankheit, weil sein Körper nicht aus sich selber genügend rote Blutkörper herstellt. Deshalb muß er in genau geregelten Abständen ein Krankenhaus aufsuchen, um sich immer wieder neue Transfusionen geben zu lassen. Nur auf diese Weise ist sein Überleben gewährleistet.

Im Februar 1977 wartete Barker zu lange Zeit mit der Transfusion und erlitt einen Schock. Er wurde im bewußtlosen Zustand in die nächste Klinik gebracht. Es war an einem Freitag abend. Niemand außer den Ärzten und seinen nächsten Familienangehörigen wußte, daß er im Krankenhaus lag und vielleicht bald sterben würde.

Zwanzig Kilometer weiter erholte sich eine Angestellte der Fernsehgesellschaft ABC in der Kantine mit einem Kaffee. Sie stand nach einer Weile auf, um in den Waschraum zu gehen, als sie plötzlich glaubte, jemanden auf dem Flur zu sehen. Die Erscheinung ging langsam auf sie zu. Und plötzlich erkannte sie, daß es Jeff Barker war.

Sie dachte im ersten Augenblick, daß er der Fernsehgesellschaft einen Besuch abstatten wollte, aber dann sah sie zu ihrer eigenen Verwunderung, daß es sich um eine geisterhafte Erscheinung handelte. Nachdem sie den ersten Schreck überwunden hatte, war sie fasziniert von dem Bild, das sich ihr auf dem Flur bot. Sie erkannte, daß er ein grünes Nachthemd trug, wie es in Krankenhäusern üblich war. Plötzlich verschwand die

Erscheinung wieder, und sie glaubte lange Zeit, daß sie eine Halluzination gehabt hatte.

Jeff Barker erlangte sein Bewußtsein wieder, nachdem er seine Transfusion erhalten hatte, ein paar Tage darauf konnte er wieder seiner Arbeit nachgehen. Über seine Erfahrungen, die er während seiner Bewußtlosigkeit gemacht hatte, sprach er mit einem Mitarbeiter. Während er bewußtlos war, ist er aus seinem Körper herausgegangen. Aber dann war er nicht nach Hause zu seiner verstörten Familie gegangen, sondern, wie es seine Gewohnheit über Jahre hinweg war, in das Fernsehstudio zu seinem Arbeitsplatz.

Sheila Nolan, die ihm auf dem Flur begegnet war, hatte, er nicht wahrgenommen. Aber er wußte von ihr, daß sie ihn in Form einer Lichterscheinung gesehen hatte, und er war darüber erstaunt, denn er konnte sich an eine Begegnung mit ihr nicht erinnern.

Zuerst hatte er über ihre Geschichte gelächelt. Aber als sie ihm die genaue Bekleidung schilderte, war er davon überzeugt, ihr in dieser Nacht begegnet zu sein. Sie beschrieb sogar einen Blutfleck an seinem linken Arm, und Jeff Barker wußte in diesem Augenblick, daß sie ihn wirklich gesehen haben mußte, denn dieser Blutfleck stammte von der Transfusion, die sie ihm gegeben hatten.

Es ist zwar selten, daß eine Person einen Astralkörper sieht oder mit ihm in Berührung kommt, aber noch seltener tritt der Fall ein, daß drei Personen, die sich an verschiedenen Orten befinden, dieses gleiche Erlebnis erfahren und hinterher berichten.

Molly Childs war zweiundzwanzig Jahre alt und arbeitete mit dem Psychologen Dr. Charles Garfield an der Betreuung sterbender Patienten. Molly selber ist mit den Erfahrungen anderer Patienten um so vertrauter, als sie schon das gleiche Erlebnis gemacht hatte, denn sie erlitt bei einem schweren Motorradunfall 1972 eine Gehirnfraktur, die sie an den Rand des Todes brachte.

In dieser Zeit hatte sie eine unerwartete Begegnung der ersten Art. Es war für sie ein Erlebnis, das sie selber als sehr schön bezeichnete, aber sie mußte gleichzeitig einschränken, daß es auch sehr subjektiv erlebt worden war.

Es gab aber auch ein anderes Erlebnis, das berichtenswerter ist. Vier Jahre nach ihrem Motorradunfall starb ihre Großmutter. Molly wurde von ihrem Tod schwer getroffen, weil sie seit ihrer Kindheit an ihrer Großmutter hing. An dem Morgen nach der Beerdigung saß Molly im Wohnzimmer des Hauses in einem Sessel.

»Ich dachte eine Zeitlang einfach an nichts, als ich plötzlich das Gefühl hatte, daß meine Großmutter mit mir im Raum war. Dieses zuerst unbestimmte Gefühl wurde mir sehr schnell zur Gewißheit, und ich versuchte, mit ihr ins Gespräch zu kommen. Dabei sprach ich aber nicht zu ihr, als ob sie mir gegenüber sitzen würde, sondern ich führte eine Konversation in meinem Kopf. Es ist schwer wiederzugeben, weil es ein Moment subjektiver Erlebnissphäre ist. Am besten erkläre ich es dadurch, daß ich sage, es war eine

Kommunikation auf der Ebene von Gefühlen. Vergleichbar ist dies vielleicht damit, wenn man sich vorstellt, man ist mit jemandem in Verbindung, dem man gefühlsmäßig sehr nahe steht. Auch mit einem solchen Menschen kann man Gedanken austauschen, ohne daß man mit ihm spricht.«

Molly glaubte, daß ihre Großmutter ihr erschienen war, weil sie zu Lebzeiten immer einen sehr engen Kontakt mit ihr gehabt hatte. Aber drei Tage später wurde sie eines besseren belehrt.

Ihre beiden Schwestern schrieben ihr, daß ihre Großmutter am Tag nach der Beerdigung ihnen erschienen war – und sie schilderten ihre Erlebnisse fast in der gleichen Weise, wie es auch Molly erlebt hatte. Allerdings hatten sich beide Schwestern dabei so sehr erschrocken, daß sie diese Erfahrung unbedingt Molly mitteilen mußten. Und das Erstaunliche daran war, daß sie alle drei zur gleichen Zeit diese Begegnung hatten, obwohl sie weit voneinander entfernt in den verschiedenen Orten der Vereinigten Staaten lebten.

Dieser Fall ist, wie schon anfangs gesagt, sehr ungewöhnlich, weil drei Personen zur gleichen Zeit die selbe Erscheinung hatten. Aber er hat eine gewisse Beweiskraft, eben weil der Fall von drei Menschen belegt ist.

In jüngster Zeit ist man immer mehr dazu übergegangen, neue technische Mittel zur Überprüfung der Aussagen von Menschen anzuwenden, die angaben, eine Begegnung mit Toten gehabt zu haben. Es wurden ultramoderne Kameras eingesetzt ebenso wie hochwertige Kassettenrecorder. Und die Fälle häufen sich in jüngster Zeit, daß man die Stimmen der Toten vom Band hören kann.

Die besten Ergebnisse dabei erzielten Joseph und Michael Lamoreaux aus dem Staate Washington. Experten haben die Bänder abgehört und sie sind übereinstimmend zu der Überzeugung gelangt, daß dabei weder Tricks noch technische Spielereien auf den Tonträgern sind.

In der Tat kommen die Stimmen von einer unbekannten Quelle, die man am besten so beschreiben kann, daß sie jenseits des Grabes liegt. Einige Worte sind dabei wenig verständlich; sie scheinen aus einer anderen Sprache zu kommen, die in unseren Kulturkreisen nicht bekannt ist.

Michael Lamoreaux lebt als Lehrer in Kittias, er begann mit seinen Aufnahmen im Oktober 1972. Er hatte ein Buch über die Möglichkeiten gelesen, wie man die Stimmen von Toten auf Band nehmen kann.

Anfangs blieb der Erfolg aus, und er wandte sich nach einigen Monaten an seinen Bruder Joe, der als Radiotechniker bei der Air Force gearbeitet hatte. Sie verbesserten die Aufnahmefähigkeit des Recorders, und wenig später hatten sie auch die ersten Ergebnisse. Aber sie waren, wie Joe es ausdrückte, »wenig zufriedenstellend«.

Joseph Lamoreaux berichtete später, daß die ersten Stimmen, die sie auf die Bänder bekamen, eigentlich mehr als ein Wispern oder Flüstern bezeichnet werden könnten. Es waren also keine Worte in unserem Sinne, die verständlich und deutlich hörbar waren. Auch fanden sie eines Tages heraus, daß Joe die Klänge besser unterscheiden konnte, als dies bei Mike der Fall war, und so verlagerte auch Joe seine Aktivitäten darauf, die Stimmen aus dem Reich der Schatten aufnehmen zu wollen.

Je mehr sie sich mit dieser Materie beschäftigten, je besser fanden sie heraus, wie man die Stimmen verstehen konnte, ohne sofort den Sinn des Flüsterns erkennen zu können. Sie lernten dabei die Sprache der Toten zu verstehen. Und eines Tages war es dann soweit. Sie hatten den Recorder über zehn Stunden laufen lassen, und als sie die Bänder abhörten, hatten sie einen Mitschnitt von einigen Metern, die mit Stimmen gefüllt waren.

Dies war ein Meilenstein in der Erforschung der Stimmen von Toten, denn niemand hatte bis zu diesem Zeitpunkt ein so umfangreiches Material in ununterbrochener Reihenfolge zusammengestellt wie die beiden Brüder Michael und Joseph Lamoreaux aus Kittias.

»Wir haben im Laufe der Zeit gelernt, daß die Stimmen aus dem Jenseits sich ihrer eigenen Sprache bedienen«, erklärt Joseph Lamoreaux. »Sie benutzen dabei die Energien, die sich im Raum befinden und modulieren diese Energien in das um, was sie unter Sprache verstehen. Dabei kommt es dann auf uns an, diese Sprache wieder in unsere eigene Sprache umzusetzen, sonst können wir die Botschaften aus dem anderen Reich nicht verstehen.«

Die Brüder Lamoreaux haben eine besondere Methode entwickelt, mit der sie die Stimmen aus dem Jenseits ansprechen können. Sie stellen ihnen eine Frage als erste Brücke der Kommunikation, dann lassen sie den Kassettenrecorder immer wieder ablaufen, um zu hören, ob eine Verbindung zustandegekommen ist. Sollte dies der Fall gewesen sein, schreiben sie sofort alles auf, was sich an Geräuschen, Stimmen oder Modulationen auf dem Band befindet.

Sie haben in der Zwischenzeit über hundert Antworten und Tausende von Geräusch-Stimmen, die sie zu systematisieren und katalogisieren versuchen. Dazu bemerkt Mike: »Wir erhalten nicht immer klare und verständliche Antworten auf unsere Fragen, aber wir sind schon soweit, daß wir genügend Informationen haben, um eine Aussage über ein Leben nach dem Tod machen zu können. Außerdem haben uns die Stimmen verraten, wie es möglich ist, daß wir sie mit unseren technischen Geräten verstehen.«

Nach Angaben der beiden Brüder gibt es acht verschiedene Formen, wie die Seelen im Jenseits existieren:

1. Pareenah

Es ist der erste ›Ort‹ der außerirdischen Existenz. Das Wort leitet sich von seinem Ursprung her aus angloeuropäischen Wurzeln ab und bedeutet soviel wie ›der beginnende Ort, der anfängliche Platz‹.

2. *Deenah*

Hier finden die Außerirdischen ihre erste feste Bleibe. Es ist gleichzeitig der Ort, von dem aus die Toten eine Verbindung mit den Menschen aufnehmen.

3. *Ree*

Dieser Ort ist auf der gleichen Ebene wie Deenah, aber doch von diesem getrennt. Er ist körperlicher als Deenah, und die Seelen, die sich auf Deenah nicht zurechtfinden, werden nach Ree geschickt.

4. *Nilow*

Ein Ort, an dem es unwahrscheinlich ruhig ist. Auch er ein Ausweichplatz auf der gleichen Ebene wie Ree und Deenah, jedoch weiter entfernt.

5. *Ultrareenah*

Dieser Ort ist über Ree. Es gibt für die Toten Hilfen, wenn sie sich in dem neuen Reich nicht zurechtfinden. Dies kann sich sowohl auf den ›geistigen‹ Bereich als auch auf ›körperliche‹ Belange beziehen.

6. Montayloo

Ein Ort, der dicht bei Deenah liegt und zu dem die Einwohner von Deenah wechseln, wenn sie sich dafür ›bereit‹ finden.

7. Pilocentric

Ein sehr heller Ort, über den die Brüder Lamoreaux aber nicht viel in Erfahrung bringen konnten, weil er zu weit von den anderen Orten entfernt ist.

8. Metanah

Es ist der höchste Ort, der den beiden Brüdern bekannt ist, aber sie sind sich nicht sicher, ob er wirklich der weitest entfernte ist. Wie sie erfahren haben wollen, leben hier viele der Religionsgründer, von denen wir Kenntnis haben.

Die Brüder Lamoreaux bieten ihre Untersuchungen jedermann an, der sich dafür interessiert, sie sind auch begierig darauf, mit anderen Menschen in Verbindung zu treten, die ähnliche Erfahrungen gemacht haben wie sie selber. Was sie aber immer wieder feststellen konnten, war die Tatsache, daß sich viele Menschen vor den Stimmen auf den Bändern grausten, weil sie damit zum erstenmal in ihrem Leben einen Kontakt mit Toten haben konnten.

Eine andere Frage aber ergibt sich aus dem Material, das die Brüder Lamoreaux gesammelt haben: Sollte es auch im jenseitigen Leben eine soziale Hierarchie geben, wie wir dies von der Erde her kennen?

Dazu haben sich mehrere Wissenschaftler kritisch geäußert. Dies liegt vor allem an dem Tonmaterial, das sie von den Brüdern Lamoreaux abgehört haben, denn ihnen kamen auf einmal Zweifel, ob es sich bei den Stimmen tatsächlich um die Verbindung Toter zu Lebenden handeln könnte. Und viele von ihnen haben dann auch die Vermutung geäußert, daß es sich bei den ›Stimmen‹ eher um die Gedanken der beiden Brüder handeln würde, die dann auf telepathischem Wege auf die Tonbänder gelangt sind.

Solange darüber noch der Streit unter den Fachleuten andauert, wird sich die Frage schwer beantworten lassen, ob die Hierarchie im Jenseits wirklich existiert oder ob es sich dabei nur um gedankliche Projektionen der Brüder Lamoreaux handelt.

VI

Ein tibetisches Totenbuch oder Wie man lernen kann zu sterben

Wenn man weiß, daß ein Ereignis bald eintritt, kann man sich darauf vorbereiten; so wenn man zum Beispiel ein Kind erwartet, heiraten will oder auf eine Party eingeladen ist. Wenn man eine Reise antritt, wird man sich vorher um die Karten, die Reservierungen, die Kleider und das Klima kümmern. Aber seltsamerweise treffen die meisten Leute keine Vorbereitungen, wenn es um den entscheidendsten Teil des Lebens geht: um den Tod.

Man spricht auch im allgemeinen nicht darüber, wenn man ein Testament aufsetzen will oder sich Gedanken darüber macht, wo man auf dem Friedhof eine Stätte haben möchte. Woran fehlt es dem Menschen, daß er sich vielleicht Gedanken über diese Dinge macht, sie aber nicht ausspricht? Und welche Gedanken bewegen die Menschen, wenn sie merken, daß sich der Tod bald einstellt?

Ist man dann tatsächlich körperlich und seelisch soweit darauf vorbereitet, daß man diesen ungeheuren Moment verkraften kann? Es gibt Menschen, die auch im täglichen Bereich jede nur unangenehme Nachricht sofort beiseiteschieben und tun, als ob die Welt in Ordnung wäre. Können sie diesen Verdrängungsmechanismus auch dann einsetzen, wenn es nicht mehr um Alltägliches geht?

Es ist dies ein Mangel an Einsicht in das Faktum des Todes, was vor allem westliche Kulturen an sich haben. Man vergleiche dagegen nur die afrikanischen Mythen, die darstellen, wie sich die Menschen ernsthaft auf den Tod vorbereiten sollen. Oder auch die alten Kulturen, bei denen es selbstverständlich war, den Tod als ein alltägliches Ereignis anzusehen und sich darauf einzustellen.

In den Vereinigten Staaten beginnt sich hierin allerdings seit geraumer Zeit ein Wandel anzubahnen. Das hängt nicht zuletzt damit zusammen, daß sich immer mehr Bücher mit dem Thema Tod befassen. Eines davon ist das *Tibetanische Totenbuch*, das regelrecht eine Hilfe zum Sterben darstellt, und zum anderen werden immer mehr von Ärzten, Journalisten, Theologen und Wissenschaftlern weitere Bücher herausgebracht, die sich mit diesem Thema beschäftigen und dem Menschen eine Hilfe beim Sterben sein wollen.

Es gibt zwei Pioniere auf diesem Gebiet: Stanislav Grof und Joan Halifax. Sie begannen um 1960 LSD an schwerkranke Krebspatienten auszugeben, um ihnen die fürchterlichen Schmerzen zu ersparen. Gleichzeitig erzielten sie dabei einen Nebeneffekt, der in dieser Weise nicht beabsichtigt war: Die Patienten berichteten, noch während sie die Halluzinationen hatten, von den Erlebnissen, die sich in ihrem Inneren abspielten. Es erhebt sich dabei die Frage, ob die Erlebnisse nur unter Einfluß der Droge zustandegekommen sind oder ob die Menschen diese Bilder sahen, weil sie sich dem Tod nahe fühlten und von ihm berührt wurden.

Diese Frage läßt sich vielleicht an einem Fall klären. Dean war sechsundzwanzig Jahre alt, als die Ärzte ihm erklärten, daß er Krebs habe. Die Krankheit verschlimmerte sich immer mehr, und die Ärzte begannen mit ihm eine psychedelische Therapie.

Eines Tages erhielt Dr. Grof einen dringenden Anruf von Deans Frau Flora. Sie berichtete dem Arzt, daß ihr Mann soeben erschienen sei und ihr berichtet habe, daß er nahe dem Tod ist. Augenblicklich unterbrach Dr. Grof das Telefonat und stürzte in das Zimmer des Patienten. Und tatsächlich lag Dean in einem tiefen Koma, was von Dr. Grof nicht vorauszusehen gewesen war.

Sie behandelten Dean sofort, und wenige Zeit später erwachte er aus dem Koma, konnte sich aber nicht daran erinnern, seine Frau Flora besucht zu haben. Dr. Grof stellte jedoch bei seinem Patienten fest, daß er bald wieder in ein Koma fallen würde, und er befürchtete, daß Dean wahrscheinlich daraus nicht mehr erwachen würde.

Eindringlich sprach er mit dem Patienten über die Möglichkeit des Sterbens. Und nachdem sich Dean anfangs gegen diesen Gedanken gewehrt hatte, gelang es Dr. Grof, ihn von der Unausweichlichkeit zu überzeugen. Sie sprachen lange über das Leben von Dean, von seiner Familie, seiner Kindheit, seinen Freunden, und im Laufe dieses Gespräches gewöhnte sich Dean immer mehr an den Gedanken, von diesen Dingen Abschied zu nehmen.

Danach kamen sie noch einmal auf das Erlebnis zu sprechen, das Dean im Koma hatte. Und erstaunlicherweise konnte er sich jetzt daran erinnern, daß er seinen Körper verlassen hatte. Er sprach von einem Gefühl der Transzendenz, das seinen Geist durchflutet hatte, aber er konnte sich an keine realen Begebenheiten erinnern.

Dieses Gefühl von Transzendenz wird auch von anderen Wissenschaftlern an Menschen beobachtet, die dem Tod sehr nahe waren. Der Psychiater Russell Noyes hat sich auf diese Fälle spezialisiert. Er hat mit Menschen gesprochen, die aus brennenden Häusern gerettet wurden, mit Leuten, die einen Selbstmordversuch hinter sich hatten und mit Menschen, die einer Flugzeugkatastrophe entgangen waren.

Ein Fall von ihm ist der neunzehn Jahre alte Bob Hall, der über Coolidge in Arizona mit einem Fallschirm aus tausend Meter absprang, der sich dann aber nicht öffnete, und er im freien Fall auf die Erde zuraste. Wie durch ein Wunder hat er diesen Sturz überlebt, er trug nur ein paar Schürfwunden davon. Er berichtete einem Reporter von seinem Erlebnis:

»Als ich merkte, daß sich der Fallschirm nicht öffnete, habe ich wie wahnsinnig angefangen zu schreien. Ich wußte genau, daß mein Leben beendet war und ich in den sicheren Tod stürzen würde. Mein Leben zog mit einem Schlag an mir vorüber, und ich konnte ganz deutlich die einzelnen Etappen meines Lebens in Bildern vor mir erkennen. Ich sah die Gesichter meiner Mutter, meiner Freunde, und ich erlebte Dinge, die ich als Kind erlebt hatte.«

Aus ähnlich gelagerten Fällen hat Russell Noyes nun seine Schlüsse gezogen. Er kam zu dem Ergebnis, daß sich der Zeitpunkt vor dem Tod in drei Abschnitte gliedern läßt:

Teil eins bezeichnet Noyes als ›Widerstand‹. Das Gemüt ist in einem panikartigen Zustand, und der Mensch wehrt sich gegen die Kräfte, die ihn in den Tod befördern wollen. Dabei klammert sich jeder Mensch an den Strohhalm, der ihm Hoffnung verspricht.

Das Ich des Menschen wird in diesem Zustand sehr stark angesprochen, und es kommt zu einer totalen Konzentration auf das eigene Dasein, das droht, ausgelöscht zu werden. Aber das Ego erkennt auch sehr bald, daß es in einer unmittelbaren Nähe zum Tod einen schier aussichtslosen Kampf führt. In dieser Phase geht es in den zweiten Zustand über.

Noyes nennt diesen Zustand ›Rückblick des Lebens‹. Wenn alle Möglichkeiten des Überlebens ausgeschöpft sind, besinnt sich der Mensch auf seine eigene Geschichte. Schöne und erfreuliche Dinge durchziehen sein Bewußtsein, und ihm wird klar, wie freundlich sein Leben war. In diesem Stadium spielt die Kindheit eine große Rolle, die im Rückblick natürlich romantisch verklärt wird.

Es gibt aber auch Menschen, die einen solchen Zustand als schaurig erleben. Schuldgefühle werden in ihnen wach, und sie besinnen sich darauf, wem sie etwas angetan haben, denn sie wissen, daß sie kurz vor dem Tod nicht mehr in der Lage sind, eine Sache wiedergutzumachen.

Das dritte Stadium ist der Zustand der ›Transzendenz‹. Es tritt ein, wenn die Bilder des Lebens aus dem Bewußtsein geschwunden sind und das Ich sich in seinem normalen Zustand befindet.

Der Mensch wird sich wieder seines eigenen Wertes bewußt, und ein Teil in uns erwacht mit einem Mal, das wir früher nie wahrgenommen haben. Da der physische Körper jetzt keine Bedeutung mehr hat, wenn er, wie im Beispiel des Fallschirmspringers Bob Hall mit hoher Geschwindigkeit auf die Erde zurast und bald zerschellen wird, dann kann sich das Bewußtsein auf die eigenen Werte besinnen.

Dies bestätigt sich auch am Beispiel von Albert Heim, der 1892 einen schweren Bergunfall hatte und daraufhin Erlebnisse von Menschen sammelte, die ähnlich wie er in den Bergen verunglückt sind.

Albert Heim berichtete von dem Unglück und erzählte, wie die Sekunden vor seinem ›Tod‹ aussahen:

»Ich löste mich in der Tat von meinem Körper, mein Bewußtsein nahm völlig Besitz von mir. Ich erkannte zum erstenmal in meinem Leben, welche Werte ich tatsächlich hatte und schob alles andere, was mir unwichtig war, mit einem Schlag beiseite. Gleichzeitig habe ich mich noch nie so frei von allen gesellschaftlichen Konventionen gefühlt wie im Augenblick des Todes.«

Es ist sehr interessant, wenn man die Studien von Heim liest, der sich ja mit den Fällen auseinandergesetzt hat von Menschen, die mit einem Schlag ohne jede Vorwarnung mit dem Tod konfrontiert wurden, und andererseits sich in die Fälle vertieft, in denen Menschen langsam auf ihren klinischen Tod vorbereitet werden.

Das Nahen des plötzlichen Todes vollzieht sich in drei Stufen, wohingegen beim langsamen Vorbereiten auf den klinischen Tod der Patient viel mehr Zeit hat, sich auf dieses Ereignis vorzubereiten, und folglich in mehrfachen Wellen auf den Tod zugetrieben wird.

Dean, der sechsundzwanzigjährige Mann, hatte eine Todeserfahrung der ersten und der zweiten Art. Er hatte ein subjektiv sehr schönes Erlebnis und konnte auch nachweisen, daß er die Dinge seiner Umgebung wahrgenommen hat, während er doch in Wirklichkeit bewußtlos war. Es gibt aber auch Fälle, in denen die Menschen ein Todeserlebnis der dritten und auch der vierten Art haben.

Matthew war ein zweiundvierzigjähriger Internist, der an Krebs litt. Als er von seiner Krankheit Kenntnis bekam, hatte er eine hübsche Frau, drei Kinder und eine gutgehende Praxis. Der Gedanke an seinen eigenen Tod traf ihn schwer, zumal er als Mediziner wußte, was im einzelnen auf ihn zukam.

Er setzte sich also mit Dr. Grof zusammen, der ebenso wie er selber Erfahrung mit der Behandlung von LSD bei krebsleidenden Patienten hatte. Eines Tages bei einer Sitzung erhielt Matthew eine Injektion von 200 Mikrogramm LSD, und nach über einer Stunde taumelte er in einen Zustand von Bewußtlosigkeit.

Matthew begann eine Zeitlang klassische Musik zu hören, er selber bezeichnete diesen Zustand als ›außerweltlich‹. Während sich der Patient in einer anderen Welt aufhielt, notierte Dr. Grof die Worte, die sein ärztlicher Kollege vor sich hinmurmelte:

»Es ist, als ob die Welt und das Universum eine Einheit bilden. Ich sehe ein helles Licht, wie es auf der Erde nicht vorkommt. Es herrscht eine Stimmung vor, als ob alle Dinge unsterblich sind. Ich sehe die vollkommene Wahrheit vor mir, und alles ist unendlich.«

Als er wieder zu sich kam, schilderte Matthew seinen Zustand: daß er sich eingebettet vorkam wie in einen warmen Kokon und sich selber in einem Zustand unendlicher Liebe fühlte, der er hilflos, aber sehr glücklich ausgeliefert war. Nach diesem LSD-Trip hat sich seine Einstellung dem Tod gegenüber von Grund auf verändert.

Am nächsten Tag erwachte Dr. Grof gegen drei Uhr morgens und brauchte erst eine Weile, bis er wußte, was passiert war. Dann erinnerte er sich daran, daß ihm Matthew im Traum erschienen war und ihm zugeflüstert hatte: »Es ist alles in Ordnung.«

Als er am nächsten Morgen wieder aufwachte, rief Dr. Grof die Klinik an, in der Matthew lag. Und dort konnten sie ihm nur noch mitteilen, daß der Patient Matthew heute nacht gestorben war. Als Dr. Grof sich nach der genauen Uhrzeit erkundigte, sagte man ihm, daß es gegen drei Uhr in der Nacht gewesen war.

Eine Frage drängt sich auf, die auch bei Matthew bestanden hatte, bevor er seinen Trip mit LSD gemacht hat: Ist es die Angst vor dem Tod, die uns hoffen läßt, daß es ein Weiterleben nach dem Tod gibt? Ist es unser Ego, das uns die Idee von einem geistigen Leben nach dem Tod in alle Ewigkeiten aufzwingt?

Nach allem, was wir darüber wissen, hat jeder Mensch eine gewisse Hoffnung, daß er weiterleben wird. Dies kann sich darin äußern, daß er schon zu Lebzeiten für seine Bekanntheit sorgt und hofft, auf diese Weise, bei den anderen Menschen weiterzuleben. Andere Menschen hingegen hoffen, daß ihre Seele nach dem Tod weiterlebt, sofern sie sich gut auf der Erde verhalten haben.

Das amerikanische Buch vom Tod gibt viele Auskünfte auf diese Fragen. Es sagt aber gleichzeitig auch, daß die Angst vor dem Tod etwas Urmenschliches ist und in fast allen Kulturen beheimatet ist. So haben auch die vielfältigen Untersuchungen in letzter Zeit diese These bestätigt. Allerdings gibt es gleichzeitig Mittel und Wege, sich dieser Furcht zu entledigen.

Es kommt einfach darauf an, wie man den Tod sieht. Ältere Kulturen stellen ihn nicht als schrecklich oder böse dar, wie dies seit jeher bei uns der Fall ist. Sie haben erkannt, daß ein Leben nach dem Tod nichts anderes ist als ein Weiterleben in einer anderen Form. Daher haben sie den Toten auch immer Dinge des täglichen Lebens mitgegeben, damit sie sich auf dem Weg im Jenseits zurechtfinden.

Ähnliche Ergebnisse haben die Versuche mit LSD erbracht, denn auch da versuchte man dem Patienten die Schönheiten der anderen Welt, in die er demnächst einsteigen wird, erst einmal zu zeigen. Und es hat sich in den meisten Fällen ergeben, daß die Patienten von dem Blick ins Jenseits so angetan waren, daß sie die angeborene Furcht vor dem Tod fast gänzlich verloren haben.

Ähnlich haben es die tibetanischen Mönche getan, die im Verlauf von über hundert Jahren den Menschen erzählt haben, wie sie ohne Pein sterben könnten. Dies geschah aber nicht in der Weise, daß sie dem Patienten erklärten, er brauche sich keine Sorgen um seine Familie zu machen, wenn er nicht mehr auf der Erde ist, sondern sie haben ihm versucht klarzumachen, daß ein Leben im Jenseits nur eine andere Form irdischen Seins bedeutet.

Berichte von Menschen, die am Rand des Todes stehen, zeigen uns immer wieder, daß dieser Moment keine persönliche Katastrophe zu sein braucht, wenn man richtig auf diesen Augenblick vorbereitet ist. Wenn man früher damit anfangen könnte, sich an den

Tod als eine Übergangsstufe zu gewöhnen, wie dies in östlichen Religionen der Fall ist, dann würden wir diesem Zeitpunkt gelassener entgegensehen.

Es ist ein harter Weg. Aber am Beispiel der Loretta Sykes kann man erkennen, daß es möglich ist, ihn mit Erfolg zu beschreiten.

Loretta erkannte eines Tages, daß ihre Müdigkeit, die sie seit über einem Jahr befallen hatte, die Folge einer Leukämie war. Sie verlor auch bald darauf ihren Arbeitsplatz, da sie nicht mehr fähig war, über einen längeren Zeitraum sich zu konzentrieren. Also mußte sie nun viel Zeit zu Hause verbringen.

Die normale medizinische Behandlung erbrachte keine Besserung ihrer angegriffenen Gesundheit, deshalb entschloß sie sich, dem Rat der Ärzte zu folgen und in ein Krankenhaus zu gehen. Aber auch dort konnten die Ärzte ihr nicht sagen, wie lange sie noch zu leben hatte, aber sie ahnte, daß ihre Zeit nur mehr kurz war.

Der Gedanke an den Tod war ihr unerträglich. Sie war zwar religiös erzogen worden, trotzdem war sie nicht in der Lage, ihre Situation als unabwendbar anzusehen. Erst als einige Freunde sie auf das *Tibetanische Totenbuch* aufmerksam machten und Loretta sich daran machte, die einzelnen Kapitel mit Aufmerksamkeit zu studieren, fand sie die innere Gelassenheit wieder, die sie brauchte, um der schweren Stunde entgegenzusehen.

Sie hat gelernt, daß es nach dem Tod viele Dinge gibt, die erstrebenswert sind für denjenigen, der vor dem Tod keine Angst hat. Diese Erfahrungen heißen im *Tibetanischen Totenbuch* ›Bardos‹. Und es existieren eine Folge von Erfahrungen mit Bardos, die damit beginnen, wenn ein Mensch stirbt.

Im Buch wird mit irdischen Zeitmaßstäben gemessen, um dem Leser das Verständnis zu erleichtern. Es gibt neunundvierzig Tage, die reich an Erfahrung mit Bardos sind. Diese Erfahrungen sind allerdings nicht immer nur positiver Art, sondern sie stellen ein Schema dar, das ähnlich dem unseren bei der Vorstellung von Himmel und Hölle ist.

Jedes dieser Symbole verkörpert einen Status des Bewußtseins. Der Mensch kann sich in den einzelnen Phasen sogar an Zustände erinnern, die er während seiner Zeit auf der Erde gehabt hat, allerdings sieht er sie jetzt in einem ganz anderen Licht. So sind zum Beispiel die Zustände der Hölle häufig nur komprimierte Erfahrungen, die er im Alltag auf der Erde gemacht hat.

Auf der anderen Seite kann jedes Bardo auch eine Treppe oder eine Tür zum Frieden sein. Es kommt jeweils darauf an, in welcher Verfassung man sich diesem Zustand nähert. Man kann auch von einem Bardo erschreckt sein, wenn man auf der Erde viele negative Erfahrungen gemacht hat und nicht in der Lage ist, davon zu abstrahieren.

Man sagte Loretta, daß sie schon zu Lebzeiten versuchen sollte, sich von ihren traumatischen Visionen zu lösen, denn dann wäre ihr der Einstieg in eine andere Welt erleichtert. Auf diese Weise könnte es ihr auch gelingen, in der anderen Welt sofort Ruhe und Frieden zu finden. Wenn sie aber mit negativen Erfahrungen beladen ihren Weg antreten würde, könnten sich diese Einstellungen manifestieren und lange Zeit bei ihr noch erhalten bleiben.

Es ist bezeichnend für den Weg, den Loretta eingeschlagen hat, daß es ihr bis zu ihrem Tod gelungen ist, von den schlechten Dingen des Lebens Abstand zu nehmen. Sie hatte sich so stark mit dem *Tibetanischen Totenbuch* identifiziert, daß ihr der Einstieg in die Welt der Toten nicht mehr als eine Strafe erschien, sondern ihr fast wie eine Erleichterung vorkam.

Für viele Menschen, die sich mit diesem Buch auseinandergesetzt haben, ist ein Aspekt besonders wichtig: Der Tod wird nicht als eine Strafe oder ein Verderben hingestellt, sondern man gleitet nur von einer Bewußtseinsform in eine andere über. Und jedesmal, wenn ein Buddhist seine meditativen Erfahrungen macht, tut er nichts anderes, als eben diese Form der Bewußtseinsänderung einzuüben, um damit besser auf seinen späteren Tod vorbereitet zu sein. Der Tod ist für ihn nicht mehr das Absterben eines Körpers in Fäulnis und Verwesung, sondern der Körper verliert seine Bedeutung, weil er nach buddhistischem Glauben mit der eigentlichen Todeserfahrung nichts mehr zu tun hat. Er ist nur eine unwesentliche Form weltlichen Seins.

Da sich immer mehr Menschen für den Buddhismus interessieren und sich bemühen, in der abendländischen Kultur nach seinen Vorstellungen zu leben, ist es für diese Menschen auch nicht mehr schwer, sich mit den herkömmlichen Formen des Sterbens und unserer Todesvorstellung auseinanderzusetzen. Sie gewinnen immer mehr Selbstbewußtsein gegenüber dem Tod, der dann nicht mehr als Schreckgespenst und Bedrohung ihres Alltags vor ihnen steht. Auf diese Weise gewinnen sie Einblick in eine fremde Religion und erfahren gleichzeitig, daß Tod nur eine andere Bewußtseinsstufe ist, die nur fremd für denjenigen ist, der sie nicht kennt.

VII

Tod,
wo ist dein Stachel?

»Der Tod kommt dann, wenn du tot bist«, schrieb der englische Dichter Percey Shelley in *Die Nacht*. Aber so einfach, wie Shelley sich den Tod vorgestellt hat, kann man ihn heutzutage nicht mehr sehen.

Joseph B. Kennedy glaubte, seine dreizehn Jahre alte Tochter Jolene in der Nacht auf den 15. Juli 1974 in einem Krankenzimmer in High Point in North Carolina zu sehen. Er setzte sich an ihr Bett, dann hörte er, wie ihr Atem immer leiser wurde und schließlich aufhörte.

Er fühlte ihren Puls und merkte, wie die Hand immer kälter wurde und wie der Puls schließlich aufhörte. Er blickte in ihre Pupillen und erkannte, daß sie keinen Reflex mehr hatten. Und dann begann bei seiner Tochter langsam die Totenstarre einzutreten.

Im Operationssaal wurden gleich darauf die Vorbereitungen getroffen, um das Leben der jungen Jolene zu retten. Ein Team von hochspezialisierten Ärzten kämpfte über drei Stunden um ihr Leben, danach begannen sich die ersten Anzeichen eines Erfolges einzustellen. Jolene zeigte die ersten Reflexe in den Augen, dann begann ihr Puls wieder langsam zu schlagen, und schließlich setzte auch wieder die Atmung ein, und nach über vier Stunden war sie in der Lage, allein zu atmen.

In der Zwischenzeit nahm Joseph Kennedy die Beileidsbekundigungen seiner Freunde und Verwandten entgegen, denn er war der Meinung, daß seine Tochter tot sei. Aber dann erfuhr er aus dem Krankenhaus, daß man seine Tochter vom Tod zum Leben zurückgeholt hatte. Sofort fuhr er zur Klinik.

»Ich war überglücklich und konnte alles noch gar nicht fassen«, sagte er später. »Ich hätte alle Ärzte des Krankenhauses vor Freude umarmen können; ich war so voll von glücklichen Gefühlen, daß ich überhaupt nicht wußte, was ich tun sollte.«

Die Frage stellt sich im Anschluß an einen solchen Fall, ob die junge Jolene wirklich tot war oder ob man den Zeitpunkt der Feststellung des Todes unter modernen medizinischen Aspekten nicht viel weiter hinausschieben muß, als man es bisher getan hat.

Ist ein Mensch tot, wenn sein Herz aufhört zu schlagen? Ist er dann tot, wenn man seinen Pulsschlag nicht mehr messen kann? Oder ist er tot, wenn er keine Reflexe der Augen und Pupillen mehr zeigt? Alles dies sind traditionelle Definitionen von »tot«.

In diesem Zusammenhang stellt sich eine heikle Frage: Kann es sein, daß man bisher einigen Menschen schon Organe aus dem Körper entnommen hat, bevor sie im heutigen Sinne tot waren? Kann es sein, daß ein Mensch, den die Ärzte für klinisch tot erklärt haben, seine eigene Zerstümmelung von einem Standpunkt außerhalb seines Körpers sieht und doch nicht einzugreifen vermag? Diese Fragen werden in der Zwischenzeit von ernsthaften Medizinern diskutiert:

Aber die Frage, wann ein Mensch wirklich tot ist, stellt sich auch in anderen Zusammenhängen. Hugh Smith und seine Frau Lucy hatten einen schweren Verkehrsunfall. Man fand Hugh außerhalb des Wagens und hielt ihn für tot. Seine Frau lag bewußtlos im Wageninneren.

Das Paar hatte keine Kinder, es hatte ein Testament gemacht, in dem jeweils der andere Partner als Erbe eingesetzt worden war. Nach dem Wortlaut des Gesetzes entschied ein Notar, daß Lucy Smith die Alleinerbin sei. Sie konnte dieses Erbe aber nicht antreten, da sie siebzehn Tage bewußtlos in einem Krankenhaus lag und danach starb, ohne die Augen wieder aufgeschlagen zu haben.

Die Verwandten von Hugh Smith aber waren mit dieser notariellen Entscheidung nicht einverstanden. Sie griffen dieses Urteil mit Hilfe eines Anwalts an. Ein Neffe von Hugh Smith argumentierte: »Das Ehepaar Hugh und Lucy Smith ist an den Folgen eines Verkehrsunfalls gestorben, den es zu gleicher Zeit erlitten hat. Es ist in diesem Zusammenhang völlig egal, ob einer von ihnen sofort an der Unfallstelle tot war oder nicht. Entscheidend in diesem Zusammenhang ist der

Umstand, daß sie tot sind und sich daher nicht gegenseitig beerben können.«

Das Gericht aber vermochte sich dieser Auffassung nicht anzuschließen. Es entschied nach einer aus dem Jahre 1951 ausgestellten Definition des menschlichen Lebens, daß ein Mensch, der noch atmet, auch wenn er dabei bewußtlos ist, mit Bestimmtheit nicht tot ist. Das Erbe fiel also an die Verwandten von Lucy Smith.

Noch vor wenigen Jahren war die Frage einfach zu beantworten, wann ein Mensch tot ist. Man hielt einen Spiegel vor den Mund einer Person, und wenn sich dieser Spiegel dann beschlug, konnte man sicher sein, daß sie atmete, auch wenn es noch so schwach war. Oder man beobachtete die Reflexe der Pupillen, die man mit einer Taschenlampe anleuchtete. Schließlich konnte man noch die Herztöne kontrollieren und feststellen, ob der Puls noch vorhanden war.

Aber all diese ›Beweise‹ menschlichen Lebens sind in der Zwischenzeit hinfällig geworden, denn man weiß von vielen Fällen, in denen man den Patienten nach der klassischen Methode bereits für tot erklärt hatte, daß seine Gehirnströme noch funktionierten, auch wenn das Herz bereits seit geraumer Zeit nicht mehr geschlagen hat.

Der Fall der Lucy Smith gibt sogar in der Rechtssprechung diesen medizinischen Befunden recht. Denn es wurde in dem Gerichtsurteil ausdrücklich darauf verwiesen, daß die Frau noch ›lebte‹, auch wenn sie nicht bei Bewußtsein war oder andere lebenswichtige Funktionen ihres Körpers ausgefallen waren. Aber die Tatsache, daß ihr Bewußtsein noch arbeitete, ließ für die Richter den Schluß zu, daß sie klinisch nicht tot war.

Ein anderer Aspekt ist in diesem Zusammenhang auch wichtig. Es gibt heutzutage technische Apparaturen, die es ermöglichen, ein Leben künstlich zu verlängern, auch wenn keine Aussicht mehr darauf besteht, daß der Patient zu einem funktionsgerechten Leben wieder zurückfinden kann.

Herz-Lungen-Maschinen halten den Körper ›am Leben‹ und ein Elektro-Enzophalograph registriert Gehirnströme, obwohl Herz und Lunge schon lange nicht mehr von allein arbeiten können, und das Gehirn nur mit Hilfe von technischen Apparaturen seine Funktion weiterführen kann, was dann wiederum aufgezeichnet wird. Von daher gesehen, wird es verständlich, wenn viele Ärzte der Meinung sind, daß man heutzutage von einem ›Augenblick des Todes‹ nicht mehr sprechen kann, weil man nicht weiß, wann dieser Augenblick beim Menschen wirklich eintritt.

»Es gibt diesen magischen Moment nicht mehr, in dem der Mensch vom Leben in den Tod tritt«, sagt Robert S. Morison von der Cornell University. »Der Tod ist nicht mehr eine Sache des Augenblicks, sondern er dauert über einen längeren Zeitraum, als wir bisher angenommen haben. So wissen wir zum Beispiel, daß es Teile des Körpers gibt, die noch über Monate weiterleben können, wenn wir sie mit Hilfe der Technik am Leben erhalten.«

Dieser Umstand hat nicht nur ethische, juristische, sondern auch religiöse Aspekte. Wenn der Tod in der

Tat nicht mehr eine Sache des Augenblicks ist, wann entfernt sich dann die Seele aus dem Körper? Oder wann tritt das, was den Menschen angeblich von allen anderen Kreaturen unterscheidet, in eine andere Seinssphäre? Darüber werden die Theologen noch eine Weile nachdenken müssen.

Michael Schwed hat lange Zeit darüber nachgedacht. Im Juli 1977 wurde seine fünf Jahre alte Tochter Laura von einer Infektion im Hals befallen, die man Hemophilus influenza Typ B nennt. Sie konnte innerhalb von einer Stunde kaum noch atmen und verlor wenige Zeit später das Bewußtsein. Die Fahrt ins Krankenhaus hat sie nicht mehr wahrgenommen.

Die Ärzte bemühten sich sofort mit Wiederbelebungsversuchen, aber es schien aussichtslos zu sein. Zwar schlug noch das Herz von Laura weiter, und auch ihr Gehirn zeigte die fast normalen Funktionen an, aber die Atemwege waren lahmgelegt. Nach über einer Woche leistete nur noch die Herz-Lungen-Maschine ihren Dienst, denn auch die Gehirnströme blieben ab diesem Zeitpunkt aus.

War Laura tot oder war sie es nicht? Diese Frage bewegte ab diesem Moment die Ärzte, die Gerichte und die Eltern des Mädchens. Denn der Vater stellte sich auf den Standpunkt, daß die Meinung der Ärzte überholt sei, die glauben, daß bei einem Herz-Lungen-Versagen der Tod des Menschen eingetreten sei. Auch wollte er sich nicht der herrschenden Auffassung anschließen, daß ein Versagen der Gehirnströme für den Tod maßgebend ist.

Die Gerichte wurden eingeschaltet; sie mußten über die schwierige Frage entscheiden, ob Laura weiterhin künstlich am Leben erhalten werden sollte oder nicht. Unzählige Gutachten wurden eingeholt, aber eine endgültige Antwort auf die Frage blieben auch die Experten schuldig. Eine klare Antwort kann auch nicht gegeben werden, denn, wie Lauras Vater sagt: »Ich glaube noch immer daran, daß ein Wunder passiert und meine Tochter eines Tages wieder zu dem Leben zurückkehrt, das sie bisher geführt hat.«

Im Jahre 1968 haben Mediziner der Universität Harvard eine Definition für ›Gehirn-Tod‹ gegeben. Sie gingen davon aus, daß ein Mensch 24 Stunden lang keine Gehirnströme mehr hatte. Und nach einer gewissen Zeit sollten wieder Elektroden an den Kopf des Patienten gelegt werden, um noch einmal die Funktion des Gehirn zu messen. Wenn auch dann die Geräte keine Gehirnströme mehr anzeigten, erst dann sollte man erklären, daß ein Mensch tot ist.

Es gibt aber Staaten in Amerika, die diese Definition nicht anerkannt haben. Sie haben argumentiert, ein Mensch könnte danach trotzdem weiterleben, denn es sei schon mehrfach vorgekommen, daß Menschen aus einem tiefen und langanhaltenden Koma wieder erwacht seien. Allerdings wäre dann ihre Gehirntätigkeit soweit eingeschränkt, daß man nur noch von einem vegetativen Leben sprechen könnte.

Eine Untersuchungsreihe von Dr. Arnold Starr von der University of California gibt dieser Auffassung recht. Er hat Geräte entwickelt, die tausendmal empfindlicher sind als die herkömmlichen Enzephalographen, und er hat festgestellt, daß sich tief im Innersten des menschlichen Gehirns noch elektrische Impulse befinden, auch wenn der Patient nach der herkömmlichen Meßmethode bereits für tot erklärt worden war. Und manche von diesen Menschen sind dann auch tatsächlich wieder zum Leben zurückgekommen, einfach, weil man ihnen die Zeit dazu ließ.

Wenn man diese unterschiedlichen Meßmethoden und -ergebnisse sich ansieht, muß man erneut die Frage stellen, ob der Tod ein plötzliches Ereignis ist oder ob es sich dabei um einen fortschreitenden Prozeß handelt, den wir noch nicht genau definieren können. Denn es macht einen wesentlichen Unterschied, ob der Tod mit einem Mal eintritt oder ob der Mensch über einen längeren Zeitraum stirbt.

Man kann natürlich auch den ›Tod‹ so weit fassen, daß man sagt, er beginne schon mit der Geburt, denn alles Leben ist ein Leben auf den Tod hin.

Und somit fängt auch unsere Furcht vor dem Tod bereits mit der Geburt an. Aber viele Wissenschaftler vertreten die Meinung, daß wir nur Angst vor dem Tod haben, weil er so plötzlich und zum Teil auch unerwartet eintritt. Wenn wir eine größere Zeitspanne hätten, um uns auf dieses Ereignis vorzubereiten, dann wäre im Verlauf dieser Zeit auch die Angst geringer.

Zu Beginn seiner Entstehung vermehrt sich der Körper im Mutterleib fortwährend durch Zellteilung. Und der Aufbau eines Menschen ist erst mit seinem fünfundzwanzigsten Lebensjahr abgeschlossen. Ab dann beginnt das, was man als ›Altern‹ bezeichnet, denn die Zellen bauen immer mehr ab. Im Augenblick des Todes dann werden sie schließlich fast wertlos, weil sie nicht mehr dazu dienen, einen Menschen an seinem Leben zu erhalten.

Medizinisch gesehen, ist der Tod nichts anderes als ein Mangel an Sauerstoff im Gehirn. Das Herz setzt aus, kann die Adern nicht mehr mit Blut versorgen, die Blutzirkulation im Gehirn hört auf und damit auch die Zufuhr an Sauerstoff. Bei normaler Temperatur aber kann das Gehirn nicht länger als fünf Minuten ohne Sauerstoff existieren.

In diesem Zusammenhang wird der Fall von Ronald Salem interessant. Er war vierunddreißig Jahre alt, als er am 24. August 1975 mit dem Wagen zu einem Laden fuhr, um sich eine Packung Zigaretten zu kaufen. Als er wieder einsteigen wollte, traf ihn ein Baseball, den der achtzehnjährige Golston geworfen hatte.

Man brachte den bewußtlosen Salem sofort ins nächstgelegene Krankenhaus, in dem man augenblicklich Wiederbelebungsversuche anstellte. Aber zwei Stunden später ergaben die Tests, daß keine Gehirnströme mehr festzustellen waren. Ronald Salem war also klinisch tot.

Die Ärzte entfernten die Apparaturen von Salem, die ihn wieder zum Leben erwecken sollten, und Golston wurde als Mörder festgenommen. Sein Verteidiger argumentierte, daß Salem noch am Leben gewesen sei, als man ihn in das Krankenhaus eingeliefert habe. Folglich sei nicht Golston der Mörder von Salem, sondern die Ärzte, die sich nicht genügend um die Erhaltung des Lebens gekümmert hätten.

Das Gericht gab diesem Einwand nicht recht, aber es wies ihn auch nicht ganz ab. Der Oberste Gerichtshof von Massachusetts stimmte der Verteidigung insoweit zu, als er ebenso von der Annahme ausging, daß Salem noch nicht tot war, als er in das Krankenhaus eingeliefert worden war. Aber sie sahen es als erwiesen an, daß der Schlag, den der Baseball verursacht hatte, letztlich doch für den Gehirntod von Salem verantwortlich war.

Es ist bei diesen Überlegungen unwesentlich, wieviel Gehirnzellen zu welchem Zeitpunkt gestorben sind. Denn die Zellen des Menschen gehen nicht mit einem Schlag zugrunde, sondern dies ist ein Prozeß wie das Sterben selbst. Dabei gibt es im Körper noch immer einige Zellen, die eine Zeitlang über den eigentlichen Tod hinausleben, was aber für den Menschen unwesentlich ist, denn er spürt von diesem Zustand überhaupt nichts mehr.

Die Muskeln im Menschen sind nach seinem Tod noch nach über zwei Stunden in der Lage, auf elektrische Reize zu reagieren. Haare und Nägel wachsen noch über 24 Stunden nach dem Tod weiter. Es gibt viele Belege dafür, denn man hat manche Menschen wieder aus dem Sarg geholt und dabei festgestellt, wie weit die Haare und Nägel gewachsen waren. Auch hat man bei Toten einige Zellen entfernt und sie in einer künstlichen Kultur weiterwachsen lassen.

In diesem Zusammenhang stellt sich die ethische, rechtliche und medizinische Frage nach der Transplantation von Organen eines Menschen in einen anderen Menschen. Schon lange Zeit vor der ersten Herz-Transplantation haben die Ärzte Teile des menschlichen Körpers verpflanzt. Es hat Augen-, Ohren-, Nieren- und andere Transplantationen gegeben, bevor man sich daran gewagt hat, das Herz eines Menschen in einen anderen Organismus zu transplantieren.

Die wichtigste Voraussetzung bei derartigen Transplantationen ist immer, daß das betreffende Organ sehr schnell aus dem einen Körper in den anderen verpflanzt wird.

Es ist oft die Befürchtung geäußert worden, daß die Ärzte nicht lange genug warten, wenn sie ein Organ aus einem Organismus herausschneiden. Wie viele Fälle beweisen, ist der Patient in manchen Fällen vielleicht nur klinisch tot und könnte wieder zum Leben zurückkehren, wenn er nicht schon von den Ärzten aufgegeben worden wäre.

So hat der Fall von Dr. Shymway große Aufmerksamkeit in der Öffentlichkeit hervorgerufen. Dr. Shymway hatte das Herz eines Mannes verpflanzt, der von einem anderen Mann dadurch ermordet worden war, daß er ihm eine Kugel in den Kopf geschossen hatte. Später argumentierten dann die Verteidiger des Mörders, daß erst Dr. Shymway den Tod des Patienten ausgelöst habe, weil er dem Patienten das Herz aus dem Körper schnitt, als es noch ein wenig geschlagen habe. Aber auch in diesem Fall schlossen sich die Richter dieser Meinung nicht an, sondern sie hielten dagegen, daß ein Mensch dann wirklich tot ist, wenn sein Gehirn nicht mehr funktionsfähig sei. Dabei spiele es keine Rolle, ob das Herz schlage oder nicht.

Wann der Tod eines Menschen eingetreten ist, läßt sich nicht immer mit Bestimmtheit sagen. Es gibt sogar Mediziner, die der Ansicht sind, daß nur das Sterben ein langsamer Prozeß sei, der Tod dagegen nicht. Was dann stirbt, ist für manche Ärzte nur der Organismus als Ganzes, nicht aber ein Teil davon.

So vertritt Leon Kass als Bioethiker die Meinung, daß der Tod eines Individuums nur ein Ganzes sein kann. Er hält es für unmöglich zu erklären, daß nur das Gehirn oder das Herz oder ein anderer Körperteil gestorben sei, er meint man könne nur den gesamten körperlichen Organismus für tot erklären.

Auch Rechtsanwälte sind der Meinung, daß nicht ein einzelnes Teil des Menschen sterben kann, um ihn somit für tot erklären zu lassen, sondern sie sind der Ansicht, daß der Mensch als Individuum aus dem Leben gehen muß, damit man von seinem Tod sprechen kann.

Trotz dieser Einwände bleibt die Tatsache bestehen, daß es für den Tod eines Menschen entscheidende Organe gibt, bei deren Weiterleben man nicht vom Tod eines Menschen sprechen kann. Wie wir geschrieben haben, ist die Gehirnforschung soweit, daß sie den Zeitpunkt des Todes erheblich über frühere Definitionen von Tod hinausgeschoben hat. Somit hat zwar das Herz als Sitz des Lebens nicht mehr die Bedeutung wie früher, aber es kann trotzdem nicht aus dem Kreislauf von Leben und Tod ausgeschlossen werden.

VIII

Wie der Tod das Leben beeinflußt

Der Mensch hat sich zu allen Zeiten schöne Bilder ausgemalt, wie ein Leben nach dem Tod sein könnte. Er hat sich dann in üppige Gärten versetzt, in denen einem die Trauben und die gebratenen Tauben förmlich in den Mund wachsen und fliegen – er hat Orte gewählt, wie sie in ihrer Schönheit und Vollkommenheit auf Erden nicht möglich sind.

Ist dies alles nur zur Beruhigung der Menschen gedacht, damit sie die Angst vor dem Tod verlieren? Darf man, aus welchen Gründen auch immer, an diese Bilder von einem schöneren Jenseits glauben? Interessant ist ja, daß diese Bilder der Schönheit durch fast alle Religionen sich ziehen; verwunderlich ist auch die Identität dieser Bilder bei den Religionen – trotz aller ihnen sonst innewohnenden Verschiedenheiten.

Dagegen stehen dann die Meinungen der Skeptiker, die behaupten, daß mit dem Tod eines Menschen jegliche Form von Existenz aufhören würde. Sie sind der Ansicht, daß der Tod das Ende des Menschen bedeutet und daß auch keine Form der Auferstehung in einer anderen Seinsweise möglich ist. Der Tod ist dann das Ende aller Dinge.

Von diesem Standpunkt aus ist auch die Meinung zu verstehen, daß viele Dinge, die im Laufe von Jahrtausenden geschaffen worden sind, nicht möglich gewesen wären, wenn unserem Sprachschatz das Wort ›Tod‹ fehlen würde. Kirchen und Kathedralen sind gebaut worden, bedeutende Werke der Literatur, der Malerei sind entstanden in der Auseinandersetzung mit dem Phänomen des Todes. Es ist dies der Ursprung vieler Künste in Religion und Magie.

Die dauernde Gegenwart des Todes schenkt dem Menschen den Glauben, daß das Leben so wichtig ist und einen nicht zu ersetzenden Wert darstellt. »Der Tod ist eine der wichtigsten Motivationen für den Menschen, um Dinge zu schaffen, die ihm ansonsten unwichtig geblieben wären«, sagt ein bekannter Psychologe.

In Übereinstimmung damit steht die These, daß der Mensch die einzige Kreatur ist, die über den Tod nachdenken kann. Bei den Tieren sind es nur Instinkte und Reflexe, die sie davor bewahren, frühzeitig zu sterben. Aber sie haben nicht das Bewußtsein, um wie der Mensch zu erkennen, was Tod im eigentlichen Sinn bedeutet.

Man hat durch Tests herausgefunden, daß Kinder erst im Alter von fünf Jahren eine Vorstellung davon haben, was Tod für ein Tier oder einen Menschen bedeutet. Dies ist dann auch der Zeitpunkt, wann ein Kind sich selber von seinen Mitmenschen und seiner Umgebung klar unterscheiden kann und ein Bewußtsein seiner selbst erhält. Es sieht sich dann unabhängig von anderen Dingen.

Vor diesem Alter sprechen die Kinder von verstorbenen Bekannten oder Verwandten, als ob sie im Zimmer anwesend seien und sie hören könnten. Die Kinder sprechen sie sogar an und führen Zwiegespräche mit ihnen. Sie können also die Endgültigkeit des Todes noch nicht verstehen.

Das Interesse für das Phänomen des Todes steigt dann in der Pubertät sehr stark an – über 30 Prozent der befragten Jugendlichen haben angegeben, daß sie schon in irgendeiner Weise Kontakt mit dem Tod gehabt haben.

Leider liegen diese Umfrageergebnisse nicht für ein sehr junges Alter vor, deshalb beschränken sich die hier angeführten Erfahrungen von Kindern mit dem Tod auf wenige Beispiele.

Ein fünfjähriges Kind berichtete zum Beispiel dem Arzt und seinen Eltern, daß es eine Erscheinung gehabt habe, die einer Begegnung mit dem Tod gleichkommt. Aber es erzählte von diesem Vorfall so natürlich und ohne Ängste, als handelte es sich dabei um einen Spaziergang auf dem Feld. Es fand es auch nicht verwunderlich, daß es ihren eigenen Körper aus einer weiten Distanz gesehen hatte, sondern schilderte alles, als ob es nicht anders passiert sein könnte.

Es gibt sehr viele Anhänger der Meinung, daß man als Erwachsener wieder ein so natürliches Verhältnis zum Tod bekommen müßte, wie dies Kinder haben. So vertritt der Psychologe Dr. Goldmann die Auffassung, daß man von einem Ereignis, das ohnehin unabwendbar sei, nicht sein ganzes Leben lang als von einem traumatischen Schicksalsschlag sprechen oder denken sollte.

Man hat Dr. Goldmann daraufhin gefragt, wann er denn selber gerne sterben würde, und er hat erklärt, daß er dann sterben werde, wenn es eben sein müsse. Er hat zwar selber zugegeben, daß ihm die Art des Todes nicht egal wäre, aber da er auf solche Dinge ohnehin keinen Einfluß habe, warte er geduldig ab.

Er fand dafür die Worte: »Es liegt einfach in der Natur des Menschen, daß er im Gegensatz zum Tier ein anderes Verhältnis zum Tod hat, denn der Mensch unterscheidet sich von allen anderen Lebewesen dadurch, daß er einen Begriff von Moral hat. Und im Hinblick auf diese Moral ist er in der Lage, seinem Leben Werte zu geben, die über die Bedürfnisse von Essen und Trinken hinausgehen. Wenn ich also Werte in meinem Leben habe, bin ich gegen den Tod gewappnet, denn auch von ihm habe ich ein Wissen, was das Tier nicht hat.«

Es gibt aber noch etwas anderes, was den Menschen vom Tier unterscheidet: Der Mensch hat sich eine eigene Welt geschaffen, in der er seine Gedanken,

Gefühle und Wünsche ausdrücken kann: die Kunst. Die Formen der Kunst sind vielfältig, sie reichen von der Musik, dem Tanz, der Malerei bis zur Literatur.

Die Tatsache, daß sich der Mensch in seiner ganzen Geschichte mit Kunst befaßt hat, zeigt, wie lebensnotwendig ihm diese Ausdrucksform ist. Sie ist ein Bedürfnis, das gleichwertig neben Essen und Trinken steht, denn schon die Steinzeitmenschen kannten diese Form der Artikulation ihrer Wünsche und Sehnsüchte. Und es ist bis heute kein historisches Volk bekannt, das sich nicht dieses Ausdrucksmittels in irgendeiner Weise bedient hat.

Dr. Goldmann erklärte dieses Phänomen damit, daß sich die Völker schon zu allen Zeiten Gedanken über den Tod gemacht hätten und die Kunst nichts anderes sei, als eine Verewigung des Lebens, das ja auf den Tod hin ausgerichtet ist. Denn bei aller Freude und Heiterkeit, die in der Kunst zuweilen mitschwingt, ist auch die Trauer und Melancholie in vielen Werken spürbar.

Die Menschen, die am meisten mit ihrem Tod konfrontiert worden sind, waren naturgemäß diejenigen, die von einem klinischen Tod zum Leben zurückgekehrt sind. Es überrascht auch nicht, daß dieses Erlebnis für ihr weiteres Leben einschneidend war, und wenn man ihre Berichte vergleicht, erkennt man oft einen religiösen Zug in ihren Schilderungen, die davon handeln, wie die Seele außerhalb des Körpers war. Wir wollen drei Fälle vergleichen.

Im Februar 1970 sagten die Ärzte der Hausfrau und Mutter Catherine Hayward aus Kalifornien, daß sie an einer schweren Krankheit leide, die wahrscheinlich zum Tod führen würde. Catherine Hayward fand sich bald mit ihrem Schicksal ab, denn die Krankheit schritt nicht so schnell voran, wie die Ärzte anfangs befürchteten.

Nach einer Phase der Besserung stellte sich vier Jahre danach wieder eine Verschlechterung ein, und Catherine Hayward ahnte, daß sie bald sterben würde. Über diesen Zustand berichtete sie später: »Ich wußte, daß es nur noch eine Frage der Zeit war, wann ich sterben würde. Die Ärzte machten mir zwar noch Hoffnung, aber ich hatte mich an diesem Punkt schon aufgegeben. Die Kinder lebten damals wieder bei ihrem Vater, so entschloß ich mich eines Abends, meine beste Freundin Ann anzurufen.«

Ann kam bald darauf zu ihr nach Haus, und die beiden Frauen sprachen lange Zeit über das Sterben und den Tod. Nach ein paar Stunden riet Ann ihrer Freundin, ein Krankenhaus aufzusuchen.

Catherine schilderte dann, wie es mit ihr weiterging:

»Ich ging also in das nächstgelegene Krankenhaus, um eine Untersuchung zu beantragen. Ich kann mich dabei nicht mehr an Einzelheiten erinnern, außer daß ich plötzlich in eine Art Ohnmacht fiel. Als ich wieder zu mir kam, lag ich auf der Intensivstation, und meine Freundin Ann saß an meinem Bett. Auf meinem Körper und Kopf waren die verschiedensten Schnüre und Schläuche befestigt. Als ich dann eine Alarmglocke klingeln hörte und eine Krankenschwester zu meinem Bett stürzte, bekam ich große Angst.«

Das Herz von Catherine Hayward hatte aufgehört zu schlagen. Sie hatte dann eine Begegnung; sie hörte eine Stimme, von der sie wußte, wem sie gehörte.

»Ich fiel wie durch einen Schleier, aber dieser Nebel lichtete sich bald darauf, und dann sah ich eine Person, von der ich wußte, daß es Gott war. Ich fühlte mich mit einem Schlag glücklich und sicher, denn ich hörte eine ruhige Stimme, die zu mir sagte: ›Du mußt wieder zurückgehen, denn deine Zeit ist noch nicht gekommen.‹

Ich wußte im ersten Augenblick nicht, was ich daraufhin antworten sollte, aber dann kamen meine Worte, ohne daß ich darüber nachgedacht hatte: ›Ich will nicht wieder zurück in die andere Welt, weil ich mich hier glücklich und zufrieden fühle. Ich will hier bleiben, denn nur hier bin ich frei.‹ Und dann kam die Antwort: ›Wenn du jetzt wieder in dein Leben zurückkehrst, wirst du viel freier und glücklicher sein als zuvor.‹«

Catherine Hayward erwachte wieder aus ihrem Koma, doch sie war enttäuscht, ins Leben zurückgekehrt zu sein. Zwei Tage lang verweigerte sie jede Nahrungsaufnahme, obwohl die Ärzte sie eindringlich darauf hinwiesen, daß dieser Umstand ihren Tod bedeuten könnte.

Am dritten Tag mußte sie wieder in die Intensivstation gebracht werden, da sich ihr Gesundheitszustand so verschlechtert hatte, daß sie kaum noch bei Kräften war. Wieder wurde sie an Meßgeräte und Schläuche angeschlossen – und wieder hatte sie eine Begegnung.

»Ich war erneut außerhalb meines Körpers, wieder fiel ich durch einen Schleier. Als sich der Schleier verflüchtigte, sah ich wieder Gott. Plötzlich überfiel mich ein Gefühl der Scham, was ich mir aber nicht erklären konnte, denn ich war mir keiner Schuld bewußt. Dann hörte ich seine Stimme: ›Du wolltest wieder in dieses Reich zurückkehren, obwohl ich dir davon abgeraten habe. Aber du sollst wissen, daß man auch in dem anderen Leben existieren kann und sich dabei glücklich und frei fühlt.‹«

Catherine kehrte wieder in ihren Körper zurück, sie schlug die Augen auf. Dabei glaubte sie ihren Sinnen nicht zu trauen, denn ihr Schmerz und die Unzufriedenheit waren wie mit einem Schlag verflogen.

Bald darauf konnte sie das Krankenhaus verlassen; sie lebte seitdem glücklich und zufrieden in ihrem Haus in Kalifornien. Seltsamerweise sind alle Anzeichen ihrer Krankheit verschwunden, sie hat auch nicht mehr über die Schmerzen zu klagen, die sie vor Jahren in das Krankenhaus gebracht haben.

Viele Wissenschaftler zeigten sich immer wieder überrascht von dem religiösen Charakter, den eine Begegnung mit dem Tod annehmen kann. Sie waren es gewöhnt, daß die Patienten ihnen von Licht, Tunnels, Musik oder undefinierbaren Stimmen berichteten, aber sie kannten nie die genauen Schilderungen mit religiösen Aspekten.

Wir sprachen mit einem Forscher, der sich über dieses Phänomen so äußerte: »Ich hatte eine Patientin, die ebenfalls eine Begegnung mit Gott hatte. Und ihre

Schilderung war insofern sehr glaubwürdig, weil sie nämlich nicht die üblichen Dinge erzählte, die in religiösen Büchern stehen.«

Ein anderer Wissenschaftler kommentierte dieses Problem: »Die religiösen Aspekte bei diesen Erfahrungen sind derart unterschiedlich, daß nicht ein Patient die gleiche Geschichte erzählt. Das zeigt mir, daß jeder seine eigene Erfahrung gemacht hat, denn auch Ähnlichkeiten mit bekannten religiösen Geschichten sind mir bisher kaum aufgefallen.«

Ein weiterer Fall kann eine Erklärung zu den religiösen Erfahrungen vieler Patienten bringen. Norman Sand hatte einen schweren Autounfall; er wurde sofort in die Intensivstation des Krankenhauses von Portland in Oregon gebracht. Am anderen Tag erklärten ihn die Ärzte übereinstimmend für tot.

Norman Sand berichtete später von seiner Erfahrung in diesen Augenblicken: »Ich verließ meinen Körper und konnte die Ärzte um mein Bett erkennen. Dann fiel ich in eine gewaltige Wolke aus weißem Licht, ich hörte sanfte Musik, dann sprach eine unbekannte Macht mit mir. Wenn diese Macht irgendeine Gestalt gehabt hätte, könnte ich sagen, daß es Gott war. Aber sie hatte keine Form, sondern sie erschien mir eher wie ein gewaltiges Bewußtsein oder einfach eine Lebensmacht, die mich ansprach. Wir sprachen darüber, warum ich zu diesem Zeitpunkt habe sterben müssen, und die Macht antwortete mir auf alle meine Fragen.«

Wie der genaue Verlauf der Diskussion war, konnte Norman Sand später nicht mehr sagen. Aber er bemerkte dazu noch: »Die Eindrücke, die ich empfunden habe, waren so stark, daß ich sie mit Worten überhaupt nicht mehr wiedergeben kann. Es war, als ob eine ungeheure Macht darüber entschied, ob ich am Leben bleiben sollte oder nicht. Ich kann mich nur daran erinnern, daß ich dieser Macht gesagt habe, ich wollte im Leben noch so viele Dinge verwirklichen, die ich mir vorgenommen hatte.«

Norman Sand überlegte nach diesen Sätzen eine Zeit und fuhr dann fort:

»Mir wurde versprochen, daß ich diese Dinge in meinem Leben noch alle tun dürfte, und wenn dann meine Zeit gekommen wäre, könnte ich wieder in dieses Reich zurückkehren, in dem ich mich befand.«

Dann berichtete er noch, daß er sich schon häufig Gedanken darüber gemacht hätte, was denn passieren würde, wenn er wirklich alles das getan hätte, was er damals in seinem Leben verwirklichen wollte. Ob dann für ihn wirklich die Stunde des Todes gekommen wäre oder ob ihm noch die Möglichkeit bleiben würde, andere Dinge in Angriff zu nehmen, an die er damals nicht gedacht hatte? Diese Frage bleibt auch für Norman Sand noch offen.

Damals jedenfalls war er wieder aus dem Koma erwacht und war überrascht über die Tatsache, daß die Ärzte ihn für tot gehalten hatten. Die Verwunderung war natürlich auch bei den Ärzten, die in den folgenden Tagen ihn immer wieder in seinem Zimmer besuchten und vorsichtshalber alle Reflexe kontrollierten.

Als er später aus dem Krankenhaus entlassen wurde, nahm er sich vor, sein Leben den kranken Menschen zu widmen. Er studierte Medizin und arbeitet seit dieser Zeit als Arzt. Und wenn ihm jemals der Verdacht kam, ein Mensch könnte vielleicht doch nicht tot sein, obwohl es aus medizinischer Sicht so aussah, dachte er an seine eigenen Erfahrungen und untersuchte diese Patienten noch einmal in aller Sorgfalt.

Wir haben mit einem anderen Arzt gesprochen, der als Psychiater arbeitet und der auch erzählt, daß er eine Begegnung mit seinem Schöpfer gehabt habe. Heute hat George Ritchie eine große Praxis in Charlottesville in Virginia und ist schon über Fünfzig.

Seine Geschichte, die sich im Jahre 1943 ereignete, ist in vieler Hinsicht bemerkenswert. Wichtig ist auch der Umstand, daß George Ritchie seine Geschichte damals in allen Einzelheiten selber aufgeschrieben hat. Das war noch zu einer Zeit, als sich weder Ärzte, Psychologen oder Theologen an diese Phänomene herantasteten. Heute kann man sagen, daß sich seine Geschichten mit vielen anderen Fällen decken, in denen Menschen eine Begegnung mit dem Tod oder anderen Instanzen hatten.

Sein klinischer Tod ist noch heute in den Akten des Armee-Krankenhauses vermerkt. Und seine religiöse Begegnung hat nicht nur ihn verändert, sondern auch viele Menschen, die von seiner Begegnung gehört haben.

George Ritchie wurde Anfang Dezember 1943 in das Armee-Krankenhaus von Camp Barkeley in Texas eingeliefert, weil er an einer leichten Infektion litt. In den folgenden Tagen verschlimmerte sich diese Infektion, ohne daß die Ärzte etwas dagegen unternehmen konnten.

Eines Tages fühlte George Ritchie, wie sein Gesundheitszustand sich immer mehr verbesserte. Aber dann kam ein Rückschlag, mit dem niemand mehr gerechnet hatte; George Ritchie verlor mit einem Schlag das Bewußtsein.

Seine Erfahrungen beschrieb er später so:

»Ich schlug die Augen wieder auf und lag in einem kleinen Raum, den ich vorher noch niemals gesehen hatte. Ein schmaler Lichtstrahl kam von irgendwo her, und ich musterte meine Umgebung. Aber so sehr ich auch nachdachte, konnte ich mich nicht erinnern, wie ich in diesen Raum gekommen war. Ich richtete mich auf, weil ich plötzlich das Gefühl hatte, ich müßte meine Uniform suchen. Aber ich fand sie auch nach längerem Suchen nicht.«

Er fuhr dann mit seinen Erlebnissen fort:

»Als ich unter das Bett blickte, erkannte ich eine Person, die dort reglos lag. Ich trat näher heran und bekam einen fürchterlichen Schreck, denn die Person, die tot war, war niemand anderes als ich selber. Und dann wurde mir klar, daß ich nur noch als Bewußtsein existierte, daß mein fleischlicher Körper von mir getrennt war.«

Dies war die Erkenntnis, daß er seinen eigenen Tod erkennen konnte. Ihm wurde mit einem Mal bewußt, was Tod in Wirklichkeit war, nämlich die Trennung von Körper und Geist. Er war deprimiert, denn er spürte, daß sein Tod Wirklichkeit geworden war.

Dann hatte er plötzlich eine Vision:

»Der Raum, in dem ich mich befand, füllte sich immer mehr mit Licht, von dem ich aber nicht sagen konnte, wo es herkam. Ich sage jetzt zwar das Wort Licht, aber es war nicht das Licht, das wir hier auf der Erde kennen, sondern eine unbeschreibliche Erscheinung, die in irgendeiner Weise fluoreszierte. Für mich war es der Inbegriff von Licht. Schon dies war der Moment, der mein Leben ganz entscheidend verändert hat, denn ich hatte eine neue Dimension erfahren, die mir vorher unbekannt war.«

Entscheidender allerdings, als die Erfahrung mit dem außerirdischen Licht war für ihn, was nach der Lichterscheinung sich ereignete:

»Mir wurde mit einem Mal klar, daß dieses Licht keine unkörperliche Erscheinung war, sondern daß es sich dabei um Christus handeln mußte, der in vielen Schriften mit dem Licht gleichgesetzt wird. Und als ich diesen Gedanken hatte, war alle Furcht von mir gewichen, ich fühlte mich schwerelos und glücklich.«

George Ritchie erzählte später, wie dieses ›Licht‹ ihm die Frage gestellt habe, was er denn bisher auf der Erde getan hätte, um ein sinnvolles Leben zu führen. Und er mußte bekennen, daß er darauf keine Antwort wußte, weil er sich über solche Dinge noch nicht den Kopf zerbrochen habe. Ihm sei nur die Antwort eingefallen, daß er für Sinnvolles in seinem Leben eigentlich noch viel zu jung und vor allem zu unerfahren sei.

Dann veränderte sich diese Erscheinung, und George Ritchie berichtete weiter:

»Eine neue Woge von Licht durchflutete auf einmal den Raum, und wir waren unvermittelt in einer anderen Welt. Ich folgte Christus durch verschiedene Straßen, und dann gingen wir eine Weile über ein weites Land, von dem ich aber nicht mehr sagen kann, wie es ausgesehen hat. Wir sahen auch Menschen, aber sie liefen mit ausdruckslosen Gesichtern herum, so daß man annehmen mußte, sie hätten überhaupt keine Gefühle mehr.«

Er ging dann genauer auf diese Erscheinungen ein, die er gesehen hatte:

»Ich erkannte einen Geschäftsmann, der immer wieder versuchte, mit anderen Menschen in Kontakt zu treten, aber es war niemand mehr da, der ihm zuhören wollte. Dann sah ich eine alte Frau, die sich vergeblich bemühte, mit ihrem Sohn zu sprechen, aber der junge Mann hatte überhaupt kein Ohr für sie und ließ sie einfach stehen.«

George Ritchie interpretierte später diese Szenen mit eigenen Worten:

»Ich habe lange Zeit darüber nachgedacht, was diese Bilder bedeuten könnten. Und dann kam ich zu der Auffassung, daß Christus mir zeigen wollte, wie sinnlos viele Menschen auf unserer Welt leben, denn sie sind nicht mehr in der Lage, miteinander zu sprechen, weil sie immerzu an andere Dinge denken.«

Nachdem er in dieser ›Welt‹ gewesen war, veränderte sich die Szene schlagartig:

»Wir standen plötzlich in einer anderen ›Welt‹, ohne daß mir der Übergang in irgendeiner Weise bewußt geworden war. Es war eine vergeistigte Welt, was ich aber mit Worten nicht näher beschreiben kann, weil ich diesen Zustand auf der Erde nicht annähernd nachvollziehen kann. Ich befand mich in einem Zustand, den man vielleicht mit Wahrheit am besten umschreiben kann. Aber es war eben ein Zustand, der keine körperlichen Formen hatte.«

Und danach machte George Ritchie noch einmal einen Sprung in eine dritte Welt:

»Wieder ging alles ohne Übergang oder irgendein Anzeichen einer Veränderung vor sich. Ich sah auf einmal eine riesige Stadt, die aber nicht aus konkreten Häusern und Straßen bestand, sondern die Formen und Konturen waren aus reinem Licht. Alles strahlte in einem überirdischen Glanz und war illuminiert. Es war nicht so, als ob eine Großstadt auf der Erde auf einmal alle verfügbaren Lichter angemacht hätte, sondern es war, als ob alle Häuser und Straßen in einem phosphoreszierenden Licht erstrahlten.«

Das nächste, was George Ritchie erlebte, war das Bewußtsein, daß er in einem Bett im Armee-Krankenhaus lag.

Es dauerte aber noch Wochen, bis er endgültig soweit wiederhergestellt war, daß er in den Grünanlagen spazierengehen konnte. Eines Tages ging er in den Raum, in dem die Karteikarten für alle Patienten gesammelt waren; er konnte in einem unbeobachteten Augenblick seine eigene Karteikarte lesen. Dort stand:

»Am 20. Dezember 1943 starb George Ritchie an einer Lungenembolie.«

George Ritchie erzählte uns heute dazu folgende Geschichte, in der er seine Eindrücke schildert:

»Ich habe mich später mit dem Arzt unterhalten, der den Bericht über meinen Tod verfaßt hat. Er sagte mir, daß es für ihn außer Zweifel gestanden hätte, daß ich tot war. Erst als ich wenige Minuten später für die Leichenhalle präpariert werden sollte, hatte der dafür verantwortliche Mann irgendwelche Bedenken und sprach daraufhin den Arzt noch einmal an. Man gab mir eine Spritze Adrenalin, obwohl man an einen Erfolg eigentlich nicht mehr glauben mochte. Um so erstaunter war dann der Arzt, als ich wenige Minuten später doch wieder zu mir kam. Er hat mir später gesagt, daß dies der sensationellste Fall seiner ganzen ärztlichen Laufbahn gewesen sei.«

Dieses Erlebnis hatte für den jungen George Ritchie eine so tiefgreifende Wirkung, daß er sich entschloß, Medizin zu studieren. Er hat sich dann später als Psychiater niedergelassen. Eines Tages wurde er dann von der University of Virginia Medical School gebeten, sich für ein Experiment zur Verfügung zu stellen.

Vor mehreren hundert Studenten und Wissenschaftlern wurde George Ritchie von einem Arzt hypnotisiert. Er fiel in einen ähnlichen Zustand wie damals, als er für klinisch tot erklärt worden war. Bei diesem Experiment konnte jeder im Saal erkennen, was George Ritchie durchmachte, denn er sprach über die Erlebnisse seiner damaligen ›Reise‹. Und als er erwachte, konnte er sich schwach daran erinnern, die einzelnen ›Weltstufen‹ noch einmal in jeder Einzelheit durchlaufen zu haben.

Seit dieser Zeit wiederholen viele Psychologen und Ärzte diese Art von Experiment, denn sie können dadurch unmittelbar in die Erlebniswelt des Patienten eindringen und haben danach die Möglichkeit, mit dem Patienten über seine Erfahrung bei ihren ›Begegnungen‹ zu sprechen.

Es gibt noch andere Fälle, in denen Personen für tot gehalten wurden, es aber in Wirklichkeit nicht waren. Gemeint sind Fälle, bei denen Menschen scheinbar erfroren sind, aber dann wieder zum Leben erwacht sind, ohne daß ihr Gehirn irgendeinen Schaden genommen hätte. Die beiden spektakulärsten Fälle sind die von Jean Jawbone, einer zwanzigjährigen kanadischen Frau, die über vier Stunden tot war, und Ted Milligan, einem siebzehnjährigen Kanadier, der über zwei Stunden für klinisch tot gehalten wurde. Die beiden Fälle grenzen an ein medizinisches Wunder.

In den frühen Morgenstunden des 8. Januar 1977 ging Jean Jawbone von einer Party nach Hause zu ihrer Wohnung in Winnipeg. Es war kalt, der Schnee fiel in dicken Flocken und Jean hatte so viel Alkohol getrunken, daß sie an einer Wegbiegung die falsche Richtung einschlug.

Bill Rusnak wollte an diesem Morgen wie immer zur Arbeit. Er war aber mit seinem Wagen nur wenige Meter von seiner Garage entfernt, als er am Wegesrand den reglosen Körper von Jean Jawbone erkannte.

Sofort nahm er sie mit in sein Haus hinein und verständigte die Polizei.

Wenig später brachte ein Krankenwagen den reglosen Körper von Jean Jawbone in das General Centre Hospital, wo man bei ihr keinen Herzschlag mehr feststellen konnte. Und ihre Körpertemperatur lag weit unter der normalen Temperatur eines Menschen.

Ohne Unterbrechung arbeitete ein Team von hochspezialisierten Ärzten drei Stunden daran, ihren unterkühlten Körper wieder zum Leben zu erwecken. Nach einer Stunde hatte ihr Körper seine Normaltemperatur erreicht, nach einer weiteren Stunde begann das Herz wieder zu schlagen, nachdem man mit Hilfe einer Sonde einen Stromstoß gegeben hatte, und nach einer weiteren Stunde schlug sie die Augen auf und hatte einen normalen Herzschlag.

Sie wurde auf ein Zimmer gebracht; ein Arzt, der mit Begegnungen im klinisch toten Zustand vertraut war, befragte sie nach ihren Erfahrungen, die sie in der Zeit der Bewußtlosigkeit gemacht hatte. Überraschenderweise konnte Jean keine Aussagen dazu machen, da sie an einem Gedächtnisverlust litt, der die Zeit betraf, als sie zusammengebrochen war bis zu dem Moment des Erwachens.

Dr. Gerald Bristow, der mit in dem Ärzteteam gearbeitet hatte, teilte uns mit, daß das Gehirn von Jean über eine halbe Stunde lang ohne jegliche Sauerstoffzufuhr gewesen sei. Trotz dieses Umstandes zeige die Patientin allerdings keine Anzeichen dafür, daß ihr Gehirn einen Schaden erlitten habe.

Dies könnte vielleicht damit erklärt werden, daß ihre Körpertemperatur weit unter dem Maß des Normalen gelegen habe und so nicht die Menge an Sauerstoff benötigt habe, wie dies bei einem normal arbeitenden Gehirn der Fall sei. Trotzdem glaubten die Ärzte daran, daß es noch Spuren des Erlebnisses im Gedächtnis geben müßte, auch wenn alle Anzeichen auf einen totalen Gedächtnisverlust hindeuten würden.

Erschwerend kam noch hinzu, daß die Patientin über ihren Fall nicht mit den Ärzten sprechen wollte. Auch rieten die Psychologen von einer Hypnotisierung ab, da auf Grund der traumatischen Erlebnisse der Patientin ein schwerer Rückfall zu befürchten sei. Allerdings gab es auch die gegenteilige Auffassung mancher Ärzte, die glaubten, durch eine Rückführung in den Zustand des Halb-Erfrorenseins könnte man ihr die Schwere des Traumas deutlich machen und dann mit ihr über die Sache sprechen.

Jean war jedoch nicht zu einer Therapie, wie auch immer sie aussehen mochte, zu bewegen. Sie hat auch diesen Gedächtnisverlust hingenommen und versucht nicht mehr, sich an diese schrecklichste Nacht ihres Lebens zu erinnern. Vielleicht gibt es auch ein paar Dinge, an die sie sich nicht erinnern möchte!

Ted Milligan, der andere bekannte Fall einer Unterkühlung, war bereit, sich einer Hypnose zu unterwerfen. Er hatte mit anderen Männern eine Schneewanderung unternommen, aber sie hatten nicht mit einem extremen Wetterumschwung gerechnet. Am Morgen des 31. Januar 1976 marschierten sie in Gruppen zu vier

Mann los. Irgendwann auf dieser Wanderung blieb Ted Milligan ein wenig zurück, um sich die Schuhe fester zu binden. Als er wieder aufblickte, konnte er rings um sich herum nur Schneetreiben erkennen. Die Spuren seiner Kameraden waren wie weggeweht.

Er machte sich auf den Weg, von dem er annahm, daß ihn auch die anderen gegangen seien. Aber nach wenigen Minuten mußte er erkennen, daß er sich verlaufen hatte. Und nach über einer Stunde bemerkte er, daß er anfing, sich im Kreis zu bewegen. Die Temperaturen sanken immer weiter. Ted Milligan suchte sich Schutz unter einem Baum, erkannte aber bald, daß er nicht mehr lange leben würde.

Seine Kameraden hatten in der Zwischenzeit bemerkt, daß Ted nicht mehr innerhalb ihrer Rufweite war. Sie machten sich auf die Suche nach ihm. Irgendwann an diesem Morgen fanden sie ihn, wie er reglos an dem Baum gelehnt war. Zwei von ihnen blieben bei ihm und versuchten, ihm eine wärmende Flüssigkeit einzuflößen, während der dritte zu dem nächstgelegenen Haus ging und einen Krankenwagen rief.

Es dauerte lange Zeit, bis die Ambulanz sich den Weg zu Ted freigefahren hatte. Dann nahm ihn Dr. Gerald Bristow unter seine Obhut. Der Krankenwagen fuhr zu einer nahegelegenen Schule, und sie zogen Ted die Kleider aus, wickelten ihn in warme Decken ein. Während der ganzen Zeit war Ted ohne Bewußtsein.

Der Arzt merkte schnell, daß Ted keinen Pulsschlag mehr hatte. Er versuchte eine Herzmassage, erkannte aber bald, daß Ted zu lange unterkühlt gewesen war und auf dem schnellsten Weg in ein Krankenhaus gebracht werden mußte. Sie fuhren ihn in das Selkirk General Hospital. Zu diesem Zeitpunkt war Ted schon lange tot.

Ein Team von Ärzten kümmerte sich sofort um Ted. Er hatte zu diesem Zeitpunkt noch immer eine Körpertemperatur von 25 Grad gegenüber der Normaltemperatur von 37 Grad. Nach zwei Stunden hatten sie ihn soweit, daß das Herz reagierte. Die Körpertemperatur hatte fast wieder ihre normale Höhe erreicht.

Sein Herz hatte eineinhalb Stunden nicht geschlagen, sein Gehirn war fünfzehn Minuten ohne Sauerstoff gewesen. Als er wieder zu sich kam, konnte er sich nicht mehr daran erinnern, unter dem Baum eingeschlafen zu sein. Auch von der Folgezeit hatte er keine Erinnerung.

Aber sein Gedächtnis hat die Dinge, die geschehen sind, wieder aufgearbeitet. Als wir mit ihm sprachen, konnte er sich an manche Sachen erinnern, die passiert waren, nachdem er die Spur von seinen Kameraden verloren hatte. Dr. Bristow vertritt heute die Auffassung, daß tief im Unterbewußtsein von Ted sich die Begegnung mit dem Tod gespeichert hat und erst langsam wieder in sein Bewußtsein dringt. Denn je öfter Ted von seiner Begegnung spricht um so mehr fällt ihm dazu ein.

Ted hat auch seine Erlaubnis zu einer Hypnose gegeben, damit die Geschichte ans Tageslicht kommen konnte. Auch war er selber daran interessiert zu erfahren, was er in dieser Zeit mitgemacht hatte. Aber bevor die Ärzte zu dieser Hypnose schritten, ließen sie erst einen langen Zeitraum verstreichen, damit Ted sich erholen konnte.

Ted erzählte uns von dem Erlebnis:

»Als ich zum erstenmal wach wurde, haben mir die Ärzte gesagt, daß mein Herz ausgesetzt hatte und daß ich mich förmlich zu Tode gefroren hätte. Zuerst habe ich gedacht, sie wollten mich auf den Arm nehmen! Aber dann haben sie mich doch überzeugt, daß ihre Geschichte stimmte, und ich bekam einen furchtbaren Schreck. Ich fragte mich, warum ausgerechnet mir so etwas passieren mußte. Ich war immer sehr religiös gewesen – und durch diese Todeserfahrung bin ich in meinem Glauben noch weiter bestärkt worden. Als ich klinisch tot war, habe ich keine Schmerzen erlitten und ich weiß von keinen Bildern, die mich erschreckt haben. Meine Angst, die ich früher vor dem Tod hatte, ist aber vollständig geschwunden.«

IX

›Tote‹ im Laboratorium

Die Wissenschaft schreitet mit ihren Methoden und Verfahren immer weiter voran. Sie erlangt dadurch neue Erkenntnisse, die sie wieder mit modernsten Prüfverfahren nachweisen kann. Schritt für Schritt tastet sie sich so in der Erforschung des Lebens oder des Todes voran; der wissenschaftliche Geist kann sich nicht auf den Ergebnissen von gestern ausruhen.

Auch werden die wissenschaftlichen Erfahrungen immer stärker international ausgetauscht, und alle Versuche lassen sich dann in irgendeinem Laboratorium der Welt wieder nachvollziehen. Dann kann es passieren, daß man zu abweichenden Ergebnissen kommt, die wiederum Stoff für weitere wissenschaftliche Debatten sind.

Wissenschaftliches Denken beruht auf den Gesetzen der Logik und läßt sich auch in jede menschliche Sprache übersetzen. Man kann die Erkenntnisse und unter genau den gleichen Bedingungen jeglichen Versuch auf der ganzen Welt nachvollziehen und auswerten.

Einschränkungen in diesem Bereich müssen allerdings gemacht werden, sofern es sich um Tierversuche handelt. Denn nicht immer reagiert eine Maus, eine Ratte oder ein Affe auf gleiche Impulse in immer der gleichen Weise; und so können bei Tierversuchen erst eine Vielzahl von Experimenten zu einer genauen Erforschung des Verhaltens führen.

Bei Menschen kommen Probleme aus dem Bereich der Psyche hinzu. Gedanken, Gefühle und Meinungen sind größeren Schwankungen unterworfen. Vor allem im Bereich der Para-Psychologie sind schon beim Menschen die Untersuchungen schwierig – aber im Tierreich erweisen sie sich als fast unmöglich, weil ein Tier sein Erlebnis nicht artikulieren kann.

Selbst bei größter Geduld und größtem Einfühlungsvermögen wird es nicht so leicht möglich sein, in die innere Erlebniswelt eines Tieres einzudringen, auch wenn in der Zwischenzeit Meßverfahren entwickelt worden sind, die dies besser als in der Vergangenheit ermöglichen.

Der schwierigste Bereich bei Tierversuchen ist das Studium eines Überlebens von klinisch toten Tieren. Zwar kann der Tod eines Tieres gemessen und auch registriert werden, aber wie soll es möglich sein, von ihm die Erlebnisse zu erfahren, die es während seines Tod-seins gemacht hat?

Wie wir gesehen haben, gibt es auch Fälle einer ›Begegnung‹, bei der der Mensch gar nicht tot im klinischen Sinn ist, weil lebenswichtige Organe noch weiterarbeiten. Trotzdem kommt es zu dieser Begegnung im Vorstadium des Todes. Und es gibt in der Zwischenzeit sogar einige Forscher, die dieses Stadium in der Erforschung des Todes für wichtiger halten als die Begegnungen klinisch Toter.

Man ist diesem Phänomen nur auf die Spur gekommen, weil es Menschen gegeben hat, die sowohl eine Begegnung im Vorstadium des Todes hatten als auch eine Begegnung als klinisch Tote. Und diese Menschen waren dann in der Lage, beide Erlebnisbereiche zu vergleichen.

Es gibt dabei wesentliche Unterschiede, die vor allem im psychologischen Bereich gesehen werden müssen. Schließlich ist die Belastung eines Menschen, der sich selber als Toten im Bett gesehen und dessen Geist den Körper verlassen hat, ungleich größer als jene, die ein Mensch erfährt, der sich noch im Unterbewußtsein als Lebenden erfährt und nicht durch den Tod geschockt wird.

Der Fall von Ingo Swann belegt auch noch ein anderes Phänomen in dieser Richtung. Swann erlebte zweimal, wie sich sein Geist außerhalb seines Körpers befand. Seine Seele ist also auf diesen Zustand schon fast ›trainiert‹ worden – Swann ist nach diesen Erfahrungen sogar in der Lage, diese Reise seines Geistes außerhalb des Körpers mit Bewußtsein herbeizuführen.

Es gibt noch genügend Fälle von anderen Menschen, die ähnliche Erfahrungen haben; sie alle fügen hinzu, daß sie diese Reise jetzt nicht mehr mit einem Gefühl von Angst und Schrecken unternommen, sondern daß sie dabei ein Gefühl von Frieden und Ruhe haben.

Ein Aspekt, der bei diesen freiwilligen Reisen völlig ausfällt, ist das Moment der religiösen Erfahrung. Das mag daran liegen, daß diese Reisen bewußt unternommen werden und der Tod dann nicht mehr eine negative Dimension erhält, wie dies bei klinischen Toten der Fall ist. Oder die religiöse Erfahrung wird nicht mehr von einer andern Seite an sie herangetragen, da die Menschen genau wissen, daß sie wieder ins Leben kommen.

Einige Para-Psychologen sind der Ansicht, daß eine Person, die einen klinischen Tod erleidet, dem Tod sehr viel näher ist und von daher gesehen auch in einem tieferen Stadium von Tod sich befindet, an dem bereits der religiöse Bereich beginnt.

Wenn diese Begegnung mit dem religiösen Bereich aber stattgefunden hat, ist es eine Erfahrung, die für das ganze weitere Leben von entscheidender Bedeutung ist, denn der Mensch hat dann erkannt, daß es diesen Bereich nicht nur in der Fantasie gibt.

Damit einher geht die Erfahrung, daß Tod nicht ein plötzliches Ereignis ist, sondern sich in Stufen vollzieht, die verschiedenartig erlebt werden können. Einmal ist es die Dimension von Licht, die auf den Menschen einstürmt, ein andermal ist es Musik oder es sind Stimmen. Aber auch Dunkelheit und Ängste spielen in der Sphäre des Todes eine wichtige und bedeutende Rolle.

Dieses tiefe Eindringen in einen anderen Bereich ist den Menschen versagt, die eine Begegnung bewußt herbeiführen können. Zwar sind auch die in der Lage, nach ihrem Wiedereintauchen in das Leben von Licht, fremden Erscheinungen oder Dunkelheit zu berichten, aber man merkt ihren Erlebnissen an, daß sie nicht so intensiv erlebt worden sind, wie dies bei einer unfreiwilligen Begegnung der Fall ist.

Wie bei vielen anderen Dingen gibt es hiervon natürlich auch Ausnahmen, und diese Fälle haben einen hohen Interessenwert, wenn sie auch nicht allgemeine Gültigkeit haben und nicht einem Gesetz unterworfen sind. Aber es sind schon Fälle berichtet worden, bei denen Menschen, die nicht einem klinischen Tod zum Opfer gefallen sind, religiöse Erfahrungen in der anderen Welt gemacht haben.

Es gibt allerdings einige Para-Psychologen, die diese Berichte anzweifeln und die Auffassung vertreten, es handele sich nur um eingebildete Erlebnisse, die dann weitererzählt werden. Oder eine Person hat sich vorher so intensiv mit dem Zustand eines Lebens nach dem Tod befaßt, daß sie zwangsläufig glauben mußte, auch religiöse Erfahrungen im Jenseits gemacht zu haben.

Trotzdem soll von einem solchen Fall berichtet werden. Es handelt sich um die Erfahrung, die die Hausfrau Claudette Kiely aus Massachusetts gemacht hat, denn hier ist ein Vergleich mit den Erfahrungen klinisch Toter nicht nur naheliegend, sondern verblüffend.

Am 11. September 1961 bekam Claudette Kiely in dem Providence Hospital in Holyoke ihr drittes Kind. Es war ein Mädchen. Als die Geburt überstanden war, erklärte ihr der Arzt, daß noch eine Komplikation bei ihr eingetreten sei, die einen weiteren Eingriff erforderlich mache. Aber er versicherte gleichzeitig, daß es sich um eine Routine-Operation handelte, wie sie schon häufiger in dem Krankenhaus nach einer schweren Geburt aufgetreten sei.

Da Claudette Kiely dem Arzt vertraute, stimmte sie der Operation zu. Später berichtete sie über ihre Erlebnisse in dem Krankenhaus:

»Ich betete zu allen Heiligen, die mir in diesem Augenblick einfielen. Ich hatte zwar Vertrauen zu dem Arzt, der die Operation leitete, aber gleichzeitig hatte ich auch ein seltsames Gefühl in mir, das mir sagte, irgend etwas könnte schiefgehen.

Ich konnte noch die Anweisungen hören, die der Arzt dem Anästhesisten gab, dann wurde mir eine Maske übergezogen, und wenige Augenblicke später war ich nicht mehr bei Bewußtsein. Der Schmerz war aus meinem Körper gewichen, ebenso wie die Bilder der Wirklichkeit. Ich spürte nur noch, wie ich auf einer Woge des Gefühls durch einen langen schwarzen Tunnel hindurchglitt. Am anderen Ende sah ich zuerst ganz verschwommen und dann immer deutlicher eine merkwürdige Lichterscheinung.«

Auch hier wieder die ›Fahrt‹ durch den schwarzen Tunnel und das Licht, das als nicht irdisch und kaum als wirklich geschildert wird.

Claudette berichtete dann von ihren eigenen Erlebnissen weiter:

»Ich konnte nicht fassen, daß es ein Licht gab, das heller, weißer und intensiver war, als das Licht, das ich von der Erde her kannte. Aber es war so, und ich kann mit Worten nicht beschreiben, wie stark es auf mich gewirkt hat. Aber instinktiv spürte ich, daß ich das Licht erreichen mußte und mich nicht damit begnügen durfte, es aus der Ferne zu sehen. Ich kam langsam aus dem langen Tunnel heraus und stand unmittelbar vor dem Licht; ich merkte, wie ich reglos wurde.«

Claudette erzählte später, daß sie immer noch nicht fassen könnte, wie sie den Mut gehabt hätte, auf dieses Licht zuzugehen, doch sie erklärte auch, daß sie von dem Licht in einer so magischen Weise angezogen worden wäre, daß sie gar keine andere Wahl gehabt hätte.

»Als ich einige Zeit vor diesem Licht gestanden hatte, erfüllte mich ein völliger Friede. Wie lange ich in diesem Zustand geblieben bin, weiß ich nicht mehr, aber ich war nicht erschrocken, als ich plötzlich eine Stimme hörte, die zu mir sprach: ›Claudette, geh wieder zurück.‹ Die Worte klangen sanft, aber gleichzeitig auch bestimmend und energisch.«

Auch in diesem Fall wieder die religiöse Erfahrung, die mit dem Hören einer außerirdischen Stimme verbunden ist. Und auch bei Claudette die Auseinandersetzung darüber, ob man in dem neuen Reich bleiben darf oder nicht.

Claudette schilderte es so:

»Ich widersprach der Stimme und erklärte ihr, daß es mir in dem neuen Reich so gut gefalle, daß ich nicht mehr auf die Erde zurückkehren möchte. Aber wieder sprach die Stimme zu mir in der gleichen sanften und eindringlichen Art: ›Es muß aber sein, daß du wieder auf die Erde zurückkehrst, Claudette, denn deine Stunde ist noch nicht gekommen. Wenn es so weit ist, werde ich dich holen.‹«

Noch heute denkt Claudette mit einem gewissen Erschauern an dieses Erlebnis, aber man merkt ihr auch an, daß es nicht Angst ist, sondern daß sie das Bewußtsein hat, etwas Ungewöhnliches erlebt zu haben.

Als Claudette nach der Operation erwachte, wußte sie in den ersten Augenblicken überhaupt nicht, wo sie sich befand, und die Ärzte mußten ihr erst erklären, daß sie vor wenigen Stunden ein gesundes Baby zur Welt gebracht hatte und danach noch eine zusätzliche Operation notwendig geworden war.

Allmählich erkannte Claudette ihre Umgebung wieder. Und als sie dann anfing zu sprechen, verstanden die Ärzte anfangs nicht, wovon sie sprach, glaubten vielmehr, Claudette spräche im Fieber. Aber immer mehr verdichtete sich dann bei ihnen die Einsicht, daß Claudette eine ›Begegnung‹ gehabt hatte.

Erst am nächsten Tag erzählte Claudette die Einzelheiten ihrer Begegnung dem Arzt, der auch ihr Kind entbunden hatte. Er hatte schon vorher Erfahrung mit Patienten, die eine Begegnung der verschiedensten Art gemacht hatten. Aber er war trotzdem überrascht, als

Claudette ihm Einzelheiten von der Operation beschrieb, die sie nicht wissen konnte, weil sie in dem Zeitraum ausgeführt wurden, als sie unter Narkose stand.

Claudette selber war auch überrascht, daß sie diese Dinge schildern konnte, denn sie konnte sich nicht daran erinnern, ihren Körper verlassen zu haben, um den Operationssaal aus einer anderen Warte zu sehen. Sie hatte auch zu keinem Zeitpunkt das Gefühl gehabt, daß sie die Welt aus einer anderen Warte sah, aber ihr Geist hatte diese Dinge aufgenommen und gespeichert, während ihr Bewußtsein mit anderen Dingen beschäftigt war.

Als Claudette im Jahre 1961 ihre Erfahrung gemacht hatte, gab es kaum Literatur über Begegnung im Totenreich, sie selber glaubte eher daran, eine Halluzination gehabt zu haben als ein ›reales‹ Erlebnis. Erst als der Arzt sie darüber aufklärte, daß auch andere Patienten während einer Operation ähnliche ›Begegnungen‹ gehabt hätten, glaubte sie nicht mehr daran, ein Opfer ihrer eigenen Fantasie gewesen zu sein.

Neun Jahre später passierte etwas Ungewöhnliches. Claudette begann, spontane Begegnungen zu haben, die nicht an eine Operation oder irgendwelche Narkotika gebunden waren. Sie wurden durch irgendwelche Zufälle ausgelöst, die Claudette aber nicht selber bestimmen konnte. Sie befand sich dann manchmal an einem schönen Ort, den sie aber nicht näher beschreiben konnte, und fühlte in sich ein Gefühl von Ruhe und Frieden.

Bald jedoch verstand sie es, diese Begegnungen zu kontrollieren. Sie war bald in der Lage, sich selber in einen Zustand von Entspannung zu bringen, der gleichzeitig ihr Bewußtsein nicht mehr in so weite Bereiche des Nicht-irdischen führte.

Wissenschaftler wurden auf sie aufmerksam, und dann begannen eine Reihe von Experimenten, die ihre Erlebnisse auf eine wissenschaftliche Basis stellen sollten. Man sperrte Claudette in Anwesenheit von mehreren Personen in einen Raum ihres Hauses in Massachusetts und sagte ihr, daß zum gleichen Zeitpunkt in New York im dritten Stock der American Society for Psychical Research sich weitere Personen aufhielten, die auf einen Besuch von ihr warteten. Dann gab man ihr noch die genaue Adresse.

Erstaunlicherweise konnte Claudette mehrere von den Menschen, die in New York waren, genau beschreiben. Sie erklärte nach dem Experiment, wer von den Menschen Zeitung gelesen und wer sich mit wem unterhalten habe. Sogar einzelne Gesprächsfetzen war sie in der Lage, korrekt wiederzugeben.

Eines Abends allerdings versetzte Claudette die gesamte Zielgruppe in New York in Erstaunen. Bonnie Paraski, der dieses Mal das Experiment leitete, schrieb einen Satz an eine Tafel, die im Zimmer stand. ›In New York ist es heute abend ungewöhnlich warm.‹

Kaum hatte er den Satz an die Tafel geschrieben, erschien für alle sichtbar im Raum eine bläuliche Wolke, die scheinbar ziellos herumschwebte. Alle Teilnehmer starrten fasziniert auf die Erscheinung, die aber ebenso schnell verschwunden, wie sie aufgetaucht war. Eine Stunde später erwachte Claudette in Massachusetts aus ihrer Trance – sie sprach mit leiser Stimme den Satz: »In New York ist es heute abend ungewöhnlich warm.«

Wenn man Claudette heute nach ihren Erfahrungen befragt, wie sie die Zustände des Außerhalb-des-Körpers-sein empfindet, antwortet sie: »Es ist für mich jedesmal ein anderes Erlebnis, und ich kann sagen, daß sich zwei Zustände niemals gleichen.«

Und auf den Zusammenhang zwischen Wissenschaft und Religion angesprochen, sagt sie: »Ich mache diese Erfahrungen, damit die Wissenschaft genauere Daten über ein Leben nach dem Tod erhält. Und ich glaube auch, daß durch diese Erfahrungen eines Menschen die Wissenschaft und die Religion enger zusammenrücken, denn sie sind hier an einen Grenzbereich gerückt, an dem sie sich berühren oder gegenseitig überschneiden.«

Wir haben durch die persönlichen Erfahrungen vieler Menschen Kenntnis davon bekommen, daß Begegnungen der unterschiedlichsten Art durchaus mit Erfahrungen klinisch Toter verglichen werden können. Aber es ist immer noch nicht hinreichend gelungen, diese persönlichen Erfahrungen zu objektivieren.

Zwar haben wir von den Experimenten berichtet, bei denen Stimmen aus dem Jenseits aufgezeichnet wurden, aber sie sind noch in einem Vorstadium, so daß sie objektiv für die Wissenschaft noch nicht viel hergeben.

Auch sind schon Experimente gemacht worden, indem man versucht hat, Erscheinungen auf Infrarot-Film aufzuzeichnen, aber auch hier sind die Versuche noch unzureichend.

Man ist sich nur soweit einig, daß der Astral-Körper aus einer Art von Materie bestehen muß, denn es hat regelmäßig eine Reaktion auf der Filmschicht stattgefunden. Aber viel mehr als eine Art von Nebel war bisher nicht aufzuzeichnen gewesen. Und dies ist für eine wissenschaftliche Untersuchung zu wenig, um genauere Aufschlüsse auf Beschaffenheit von Astral-Körpern zu erhalten. Denn daß sie eine Art von Materie sein müssen, dies wußte man auch schon vor den Foto-Experimenten.

Es ist aber sicher, daß die Wissenschaft in dieser Richtung sich noch weiterentwickeln wird, und man kann vielleicht sagen, daß es eines Tages auch gelingen wird, nähere Auskunft darüber zu erhalten, wie sich diese Wesen im Laboratorium genauer darstellen lassen.

Wichtig ist vor allem, daß es immer mehr Personen gibt, die eine Begegnung bewußt auslösen können. Denn dann ist es auch möglich, daß man sie vorher in ein Laboratorium setzt und mit dem ganzen wissenschaftlichen Instrumentarium die Welt erforscht, in der sich die Versuchspersonen befinden. Aber bis man exakte und verwertbare Fakten erhält, wird es sicherlich noch eine Zeitlang dauern.

X

Einladung zum Selbstmord?

»Vor meiner Arbeit mit sterbenden Patienten habe ich nicht an ein Leben nach dem Tod geglaubt. Aber meine Erfahrungen mit diesen Menschen haben mir gezeigt, daß es ohne jeden Zweifel ein Leben nach dem Tod gibt.«

Als Dr. Kübler-Ross bei einem wissenschaftlichen Kongreß diese Aussage machte, stieß sie auf Verwunderung und bei manchen Kollegen sogar auf Ablehnung. Sie war jahrelang als eine wissenschaftliche Kapazität anerkannt worden, die mit scharfem Verstand und ohne Emotionen ihre Arbeit verrichtete und in unterschiedlichen Zeitabständen in wissenschaftlichen Abhandlungen veröffentlichte. Daß ausgerechnet sie diesen Satz sagen würde, darauf war man in Fachkreisen nicht vorbereitet.

Aber die Fachwelt reagierte auch positiv auf ihre Aussage, denn man kam in langen Diskussionen darauf, daß der gefühlsmäßige Aspekt bei sterbenden Menschen von der Wissenschaft bisher zu wenig beachtet worden war. Ferner einigte man sich darauf, in Zukunft stärker die Verbindungen des Sterbenden zu seiner Familie zu berücksichtigen, denn durch diese Wechselwirkung versprach man sich Aufschluß über die Innenwelt des Patienten zu erlangen.

Von kirchlicher Seite allerdings wurden die Ausführungen von Kübler-Ross mit Skepsis betrachtet. Denn die Kirche verwies darauf, daß das Leben nach dem Tode wissenschaftlich nicht zu erforschen sei und schon seit jeher im Bereich des Religiösen liege.

Die Psychiater meldeten sich ebenfalls zu Wort, denn sie sahen es immer mehr als ihr eigentliches Gebiet an, über das Innenleben von sterbenden Patienten Auskunft zu geben und ihre Ergebnisse wissenschaftlich zu verarbeiten. Aus ihren Reihen kamen auch die kritischen Stimmen, die darauf verwiesen, daß alle Geschichten über ein Weiterleben nach dem Tod oder daß Berichte von Patienten, die eine andere Welt erfahren haben wollten, nichts anderes seien als die Halluzinationen von Menschen, die sich in einer extremen Situation befänden.

So hat zum Beispiel Dr. Russell Noyes 114 Fälle von Begegnungen mit dem Tod aufgezeichnet, aber er kam nach dem intensiven Studium aller Fälle zu dem Ergebnis, daß es zwar ein Bewußtsein von einer jenseitigen Welt geben könnte, schloß jedoch gleichzeitig aus, daß man deshalb gleich von einem Leben nach dem Tod sprechen könnte. Und diese Meinung teilt eine Vielzahl seiner Kollegen, die sich mit Begegnungen befaßt haben.

Dr. Noyes hat in der Hauptsache Menschen behandelt, die nach einem schweren Verkehrsunfall klinisch tot waren. Und seiner Auffassung nach sind die Begegnungen nichts anderes als eine Überreizung eines Nervensystems, das sich in einer extremen Ausnahmesituation befindet.

Er erklärt so:

»Bei einem Menschen, der einen schweren Schock erlitten hat, stellt sich sehr schnell eine Art Bewußtseinsspaltung ein. Das heißt, er klammert sich im Unterbewußtsein an seinen gesunden Körper, den er gerne noch haben möchte. Und auf der anderen Seite ist ihm klar, daß sein Körper verletzt ist. Diese beiden Körper sind für sein Bewußtsein jetzt geschieden. Und deshalb kann es passieren, daß er einen Körper auf Wanderschaft schickt, um sich eine heile Welt zu suchen. Denn nach der Operation kehren die meisten Patienten wieder in ihren gesunden Körper zurück.«

Auf die religiösen Erlebnisse der Patienten angesprochen, erklärt Dr. Noyes, daß sie nichts weiter sind als eine Ausschmückung bekannter religiöser Geschichten, die in jedem Lehrbuch über Religionen nachzulesen sind. Für ihn verarbeitet der Patient diese Geschichten dann in einer rein persönlichen Version und glaubt dann, diese Geschichten tatsächlich erlebt zu haben.

Dies sind die Argumente eines Wissenschaftlers, der von einer verstandesmäßigen Ebene argumentiert. Aber sie haben auch einen Nachteil, denn sie betreffen nur die Erlebnisse von Begegnungen der ersten Art. Auf dieser Ebene kann es passieren, daß der Patient in der Tat Geschichten seiner eigenen Fantasie ausmalt und am Ende glaubt, sie in genau dieser Weise erlebt zu haben.

Daß sich Begegnungen der ersten Art sehr häufig ähneln, hat seinen Grund auch darin, daß sie am meisten veröffentlicht worden sind. Aber die Begegnungen der zweiten, dritten und vierten Art können unschwer Fantasiegebilde sein, denn sie haben oft stattgefunden, wenn das Herz nicht mehr schlug oder das Gehirn für Minuten ausgesetzt hat zu arbeiten. Folglich kann es sich dabei nicht um eine Bewußtseinsspaltung handeln oder gar um Fantasien, die das Gehirn in eben dem Zeitraum vollzogen hat, als es überhaupt nicht in der Lage war zu funktionieren.

Auch ziehen diese Argumente nicht mehr, wenn man an die Fälle denkt, bei denen eine Person von einem nahestehenden Menschen auf einmal wußte, daß dieser sich in einer Gefahr befindet oder im Begriff ist zu sterben. Denn alles kann nicht mit Fantasieleistungen erklärt werden: diese Fälle sind nachprüfbar.

Wenn andererseits einige Menschen in der Lage sind, sich Begegnungen durch einen Bewußtseinsakt zu verschaffen und dadurch zu Gefühlen fähig sind, die andere Menschen nicht haben, so muß man sich fragen, warum sie von ihren Erlebnissen berichten.

Oder man muß ihnen nachweisen, daß sie diese Erlebnisse nicht haben konnten. Aber dieser Nachweis ist bis heute nicht erbracht worden – und es wird schwerfallen, ihn zu erbringen.

Die Frage ist oft gestellt worden, warum diese Menschen, die in der Lage sind, sich einer Begegnung mit dem Tod auszusetzen, nicht eines Tages die Schwelle zum Tod freiwillig überschreiten, um dann in dem Zustand zu sein, der sie über alle irdischen Mühen erhebt und gleichzeitig frei und glücklich macht.

Man kann sich ihr Verbleiben auf der Erde nur so erklären, daß alle diese Menschen letzten Endes doch zu sehr an ihrem Leben und ihren Freunden hängen, um sich endgültig davon zu verabschieden. Denn so schön eine Begegnung gewesen sein kann, so wissen diese Menschen doch, daß sie nur von kurzer Dauer war. Und ob sich der Zustand von Schwerelosigkeit und Frieden auch auf Dauer erhält, davon hat noch niemand berichten können.